中国科学技术大学
化学与材料科学学院十年
2009—2018

主　编　杨金龙

副主编　葛学武

编　委（以姓氏拼音排序）

陈春华	邓兆祥	傅　尧	何卫东	黄伟新
李群祥	李微雪	梁高林	刘光明	刘伟丰
刘扬中	穆　杨	盛国平	田善喜	王官武
王志刚	吴长征	武晓君	夏长荣	熊宇杰
闫立峰	杨上峰	尤业字	周小东	朱平平

中国科学技术大学出版社

内 容 简 介

本书对中国科学技术大学化学与材料科学学院2009—2018年这十年间各系及实验中心的科研成果、教学成果、学科发展及人才引进和培养情况进行了系统总结,是非常全面的资料汇编。

图书在版编目(CIP)数据

中国科学技术大学化学与材料科学学院十年:2009—2018/杨金龙主编.—合肥:中国科学技术大学出版社,2021.11
ISBN 978-7-312-04867-8

Ⅰ.中… Ⅱ.杨… Ⅲ.中国科学技术大学化学与材料科学学院—概况—2009—2018　Ⅳ.G649.285.41

中国版本图书馆CIP数据核字(2020)第013203号

中国科学技术大学化学与材料科学学院十年
ZHONGGUO KEXUE JISHU DAXUE HUAXUE YU CAILIAO KEXUE XUEYUAN SHINIAN

出版	中国科学技术大学出版社 安徽省合肥市金寨路96号,230026 http://press.ustc.edu.cn https://zgkxjsdxcbs.tmall.com
印刷	合肥华苑印刷包装有限公司
发行	中国科学技术大学出版社
经销	全国新华书店
开本	787 mm×1092 mm　1/16
印张	12.75
字数	236千
版次	2021年11月第1版
印次	2021年11月第1次印刷
定价	60.00元

前　言

2018年是中国科学技术大学建校六十周年，也是中国科学技术大学化学与材料科学学科创办六十周年。风雨兼程一甲子，科教报国六十载。六十年来，化学与材料科学学科培养了众多杰出人才，取得了优异的科研成果，为中国科学技术大学的发展，为中国特色社会主义事业做出了突出贡献。

1996年，在原有化学物理系、应用化学系、材料科学与工程系的基础上，中国科学技术大学成立了化学与材料科学学院，由此中国科大化学与材料科学学科的发展正式迈上新的历史台阶，并伴随着国家的经济腾飞走上了高速发展之路。

2008年，在中国科大化学与材料科学学科创办五十周年之际，化学与材料科学学院组织力量全面总结了五十年来的发展历程，系统梳理了各个阶段广大师生员工适应国家对高等教育所提出的要求，遵循高等教育发展的客观规律，在办学理念、教育管理体制、学科结构发展等方面所创造、积累的改革经验，启示未来，再次推动化学与材料科学学院走上内涵式高质量发展的新征程。

十年来，化学与材料科学学院坚持"人才强院"理念不动摇，突出以人才为中心的发展战略，在优秀人才使用上坚持国际引进与本土培养相结合，在总体规模保持稳定的情况下，高质量地实现了学院科研教学人员结构、层次的优化和发展。十年来，学院紧抓制度建设不放松，突出营造公平民主的制度软环境，着力发挥各类委员会的议事决策作用，有效地形成了人人争进步、求发展的良好局面。十年来，学院积极争取外部优质资源助推内涵发展，特别是在国家及主管省部委层面争取优质科研资源，有力地促进了院内各学科和研究方向的快速、深入发展。在此，我们谨向一直关心、支持中国科学技术大学化学与材料科学学院发展的各级领导、校友和社会各界人士表示衷心的感谢！

为继承和发扬学院老一辈人的改革创业精神,系统总结学院近十年来各系的发展情况,全面梳理各主要研究方向上的教学及科研成果,凝练新时代学院办学特色,指导未来发展,学院组织院内各方力量共同参与编写了本书。化学与材料科学学院各系、各研究室为此编辑整理了大量参考资料,学院办公室为促成本书的编辑出版付出了大量的辛劳和汗水,值此《中国科学技术大学化学与材料科学学院十年(2009—2018)》即将出版之际,谨向所有参与汇编工作的学院各系、室及个人表示真挚的感谢!

　　限于编委会的水平和资料收集的局限,即便各方勠力同心促成本书编辑出版,仍不排除存有不准确和不全面之处,恳请读者批评指正!

杨金龙

2018 年 9 月 20 日

目 录

前言	(i)
第一章　学院介绍	(001)
第二章　化学物理系(3系)	(005)
第三章　应用化学系(12系)	(019)
第四章　材料科学与工程系(14系)	(023)
第五章　化学系(19系)	(039)
第六章　高分子科学与工程系(20系)	(067)
第七章　化学实验教学中心	(091)
附录	(101)
在职教职工名单	(103)
2009—2018年曾工作过的教职工名单	(106)
院系领导(2009—2018)	(107)
本科生和研究生名单	(112)
学生获重大奖项和院内奖项	(148)
教职工获荣誉奖项	(160)
客座、兼职教授	(172)
十年剪影	(174)

第一章
学院介绍

第一章 学院介绍

中国科大化学学科于1958年建校时创办,当时由化学物理系、稀有元素与地球化学系、放射化学与辐射化学系和高分子化学与高分子物理系组成,学科创建人包括柳大纲、郭永怀、钱学森、杨承宗、王葆仁和钱人元等著名科学家。1996年,成立了化学与材料科学学院(以下简称"学院"),学院包括化学物理系(3系)、应用化学系(12系)、材料科学与工程系(14系)、化学系(19系)和高分子科学与工程系(20系)及化学实验教学中心。化学学科涵盖无机化学、有机化学、分析化学、物理化学(含化学物理)、高分子化学与物理、化学生物学、应用化学、可再生洁净能源、能源化学、材料物理与化学、材料学和材料加工工程共12个二级学科。1998年,学院获得化学一级学科博士学位授予权;2002年,物理化学(含化学物理)和无机化学被评为国家重点学科;2007年,有机化学被评为国家重点学科,同年化学被评为国家一级重点学科;2016年,在第四次全国一级学科评估中化学学科获得A+,材料学科获得A−。所有二级学科均设有博士后流动站,拥有完整的本-硕-博-博士后人才培养体系。

经过几代人的不懈努力,学院群英荟萃,名师云集,邃密群科,成就斐然。学院现有教授103人,副教授46人,讲师2人,其中包括中国科学院院士17人(含兼职),教育部"长江学者奖励计划"特聘教授8人,国家杰出青年科学基金获得者28人,教育部"长江学者奖励计划"青年学者3人,国家优秀青年科学基金获得者18人。

在优势与特色方面,学院化学学科特色鲜明,重视数理基础和学科交叉,始终坚持"化学与物理相结合,理论与实验相结合,宏观与微观相结合,基础与应用相结合"的发展思想,针对能源、环境、材料、生命等领域的重要科学问题开展基础和应用基础研究以及人才培养。学院是教育部能源材料化学协同创新中心和苏州纳米科技协同创新中心的核心成员。学院以科研人员为主体,建设有三个中国科学院重点实验室:中国科学院能量转换材料重点实验室、中国科学院软物质化学重点实验室、中国科学院城市污染物转化重点实验室,两个安徽省重点实验室:安徽省生物质洁净能源重点实验室、安徽省先进功能材料重点实验室,同时还参与了合肥微尺度物质科学国家研究中心的纳米材料与化学、低维物理与化学、理论与计算科学、Bio-X交叉科学等多个研究部的建设;目前有四个国家自然科学基金委员会创新团队,建立了化学物理高等研究中心和纳米催化研究中心两个院士工作室。单分子化学物理、无机固体化学学科方向的研究在国际上处于领跑地位。

学院承担和参与了科技部国家重点研发计划项目、"973"项目、"863"项目,国家自然科学基金委员会重点(大)项目、国家杰出青年科学基金项目、面上项目,中国科学院战略先导科技专项、前沿科学重点研究项目等科研项目。学院连续三年到账科研经费在1亿元以上。自2010年以来,学院获得省部级以上科研成果奖17项,其中国家自然科学奖二等奖6项、安徽省自然科学奖一等奖6项、教育部自然科学奖一等奖2项。学院年均发表SCI论文600余篇,约占全校的1/4,其中Ⅱ区论文占全校同期的30%,Ⅰ区论文占全校同期的50%以上。

学院拥有4个省级教学团队和5位省级教学名师,获得了多项国家级和省部级教学成果奖。学院是国家理科基础科学研究和教学人才培养基地,化学专业为教育部特色专业,入选"国家基础学科拔尖学生培养试验计划",高分子材料与工程专业为安徽省特色专业,化学实验教学中心为国家级实验教学示范中心和化学虚拟仿真实验教学中心。学院与中国科学院研究所联合创办了"师昌绪材料科技英才班"和"卢嘉锡化学科技英才班";每年聘请几十位国内外专家为研究生举办学术前沿讲座,举办研究生学术年会和沙龙,开阔研究生的学术视野。学院共有12篇论文获得全国百篇优秀博士学位论文奖,37篇论文获得中国科学院优秀博士学位论文奖,15篇论文获得安徽省优秀博士学位论文奖。学院人才培养特色鲜明,重视数理基础,强调化学、物理和材料科学的交叉,培养出一批在各自领域处于领军地位的杰出校友。学院毕业生中有8位当选为中国科学院院士,涌现出杨培东、夏幼南、林文斌、崔屹、何川、殷亚东等一批国际领军人才。在汤森路透2000—2010年全球顶尖100位化学家榜单中,学院有6位校友入选,占入选华人科学家的一半。

桃李争妍,四海承风,学院的点滴进步离不开老师们、同学们的不懈奋斗和努力拼搏,也得益于广大校友的殷殷关切和大力支持。红专并进,理实交融,薪火相传,弦歌不辍,共同写就了学院今日的辉煌。

第二章
化学物理系
(3系)

第二章 化学物理系(3系)

化学物理系是1958年中国科大成立时,由著名科学家钱学森、郭永怀、柳大纲亲自创办的,旨在培养兼有化学和物理两方面知识结构的复合型人才,以适应我国发展"两弹一星"对物理与化学相结合的交叉学科人才的需求。建系时化学物理系设高速化学反应动力学和物理力学两个专业。1964年,中国科大将四个与化学相关的系合并为近代化学系,1993年年底又恢复了化学物理系的名称。首任系主任是中国科学院力学研究所副所长郭永怀先生。物理化学(含化学物理)专业于1981年获硕士学位授予权,1993年获博士学位授予权,2001年被教育部评定为国家重点学科,现设有博士后流动站。

中国科大化学物理系师资力量雄厚,现有教职工53人,其中教授34人(博导28人,含双聘教授2人),副教授(和其他副高职称)11人,包括中国科学院院士5人(朱清时院士、吴奇院士、包信和院士、杨学明院士和张东辉院士),教育部"长江学者奖励计划"特聘教授2人(杨金龙、黄伟新),国家杰出青年科学基金获得者7人(杨金龙、罗毅、侯中怀、李微雪、胡水明、黄伟新、田善喜),国家优秀青年科学基金获得者4人(李震宇、郑晓、刘光明、蒋彬),教育部"新世纪百千万人才工程"入选者5人(杨金龙、侯中怀、田善喜、徐瑞雪、李群祥)。化学物理系聘请诺贝尔化学奖获得者李远哲教授和诺贝尔物理学奖获得者K. Siegbahn教授担任本系名誉教授,另聘国内外院士和教授29人担任化学物理系客座/兼职教授。目前化学物理系的教师不仅大多数具有博士学位,而且大多都在国外大学学习或工作过,具有丰富的教学和科研经验。

中国科大化学物理系已成为国内著名、国际知名的物理化学(含化学物理)科研基地和高级人才培养基地。化学物理系本科设物理化学(含化学物理)专业,学制4年。本着"化学与物理相结合,宏观与微观相结合,基础与应用相结合"的指导思想,化学物理系坚持站在化学物理学科的前沿,理论与实验工作紧密结合,注重化学与物理的交叉,并向材料、生命科学渗透。培养的学生具有坚实的数理化基础、前沿的专业理论知识和化学实验技能。承担结构化学、量子化学、物理化学、统计力学等重要基础课和激光化学、分子光谱学与化学动力学等专业课程的教学。改革基础课教学,根据本系分子水平科研成果多的特点,在基础课物理化学和结构化学的教学中,引入本实验室发现的最新研究成果,既提高了学生的学习兴趣、理论联系实际的能力和创新能力,又扩大了学生的视野。积极开展英语授课,严以京教授和路军岭教授共同开设了面向本科生的英文课"物理化学"。开设了面向高年级本科生和研究生的"现代统计力学导论"和"高等量子化学"暑期课程。改革课程设置,新建立了"光谱与化学动力学"课程体系,课程内容由基础宽厚到专业精深,面向不同年级或专业需求的本科生和研究生开设。在研究生培养方面,努力提高研究生培养质量,与美国Temple University,University of California at Riverside和荷兰Leiden University等国外大学建立了短期交换访问学生的合作关系,并联合培养研究生,邀请美国、欧洲多位教授来访,并开设相关短期(或暑期)课程。

目前化学物理系有在校博士生130余人,硕士生140余人,本科生190余人,80%以上的本科毕业生被国内外著名大学或研究机构录取为研究生,其余学生被各科研机构或公司等聘用。

化学物理系的主要科研方向有单分子科学、光谱与动力学、表面与催化、胶体与生物大分子、能源化学物理、理论与计算化学等,并取得了一系列创新性研究成果。目前化学物理系承担和参与科技部国家重大科学研究计划项目、"973"项目,中国科学院创新工程重点项目,国家自然科学基金委员会重点项目和面上项目等50余项。

一、单分子科学

单分子科学是中国科大的优势研究方向之一,主要研究的是小分子、原子团簇以及生物分子本身及其吸附在表面或者处于复杂凝聚相环境中的物理和化学性质。单分子科学不仅是一门前沿交叉学科,而且其研究将推动其他相关学科如物理学、化学、生物学和分子电子学的发展,在工程领域也将会有广泛的应用前景。单分子科学研究团队由12人组成,分别来自合肥微尺度物质科学国家研究中心和化学物理系,包括中国科学院院士1人,教育部"长江学者奖励计划"特聘教授1人,4人获得国家杰出青年科学基金资助,3人获得国家优秀青年科学基金资助。

侯建国院士和杨金龙教授领衔的单分子科学研究团队多年来一直致力于分子尺度上的量子检测与调控研究。团队瞄准未来信息、能源和生物技术的前沿科学问题,一方面致力于方法与技术的创新性研究,自主研制科研装备,以实现空间、能量、时间三个方面分子尺度上的高分辨高灵敏表征与检测;另一方面积极开展单分子尺度的量子态调控研究,发挥实验与理论相结合以及多学科交叉研究的特色与优势,积极寻求原理与概念层面上的突破。近年来,团队在单分子科学领域取得了一系列重要的研究成果,已成为世界上该领域具有国际影响力的研究团队。例如,董振超教授团队首次实现突破Kasha规则和Franck-Condon分布的奇特的分子电光效应,揭示了纳腔等离激元共振模式对分子发光的频谱调控作用(*Nature Photonics*,2010(4):50),"自然中国"网站以 *Photonics:Forbidden light* 为题介绍了该项工作。董振超教授团队还在世界上首次实现亚纳米分辨的拉曼光谱成像(*Nature*,2013(498):82),*Nature*的三位审稿人都对该工作给予了高度评价,认为"这项工作打破了所有的记录……是该领域创建以来的最大进展","是该领域迄今为止质量最高的顶级工作……开辟了该领域的一片新天地","是一项设计精妙的实验观测与理论模拟相结合的意义重大的工作……将引起物理、化学、材料科学和生物学领域科研人员的广泛关注"。世界著名纳米光子学专家 Atkin 教授和 Raschke 教授在同期杂志的"新闻与观点"栏目中以《光学光谱探测挺进分子内部》为题撰文评述了这一研究成果,与此同时,英国的 *Chemistry World*,美国的 *Chemical & Engineering News*,*Physics Today*,甚至美国 NBC 全国广播电台网站也撰文加以报道,《人民日报》《光明日报》《科技日报》《中国科学报》等国内众多媒体也纷纷予以报道。团队还实现了单分子尺度上的基于中性卟啉分子的电致发光,首次展示了紧邻的不同分子的实空间拉曼光谱识别,发展了亚纳米分辨的电致发光成像技术,实现了分子间相干偶极耦合的实空间可视化表征,基于非共振的针尖增强拉曼散射有效识别 DNA 碱基对,实现了分子与纳米等离激元微腔之间相干作用的亚纳米调控(*J. Am. Chem. Soc.*,2013(135):15794;*Nature Nanotech.*,2015(10):865;*Nature*,2016(531):623;*Angew. Chem. Int. Ed.*,2017(56):5561;*Nat. Commun.*,2017(8):15225)。

王兵教授团队基于扫描探针显微术,设计和调控了单分子的电子结构和输运特性,在同一个单分子结中集成分子开关和整流效应双功能,发展了单分子原位光催化反应表征技术,揭示了分子氧(O_2)在 TiO_2 表面的吸附行为及化学活性,直接观测到 TiO_2 表面水的光催化分解的微观过程,揭示了光分解水的第一步反应为光生的空穴对水的氧化过程(*Adv. Mater.*,2010(22):1967;*Proc. Natl. Acad. Sci.*,2009(106):15259;*J. Am. Chem. Soc.*,2011(133):2002;*J. Am. Chem. Soc.*,2012(34):9978)。团队在锐钛矿氧化钛表面催化活性和微观机制方面的研究取得重要进展,揭示了单个水分子的光催化反应特征和表面反应活性位点(*Nat. Commun.*,2013(4):2214),被 *Nature China* 以 *Catalysis: Seeking Split* 为题作为亮点工作报道。

杨金龙教授团队通过理论计算,揭示了晶面控制的催化剂纳米粒子的表面再构和催化性能,提出了超原子网络模型,揭示了金属团簇的电子结构稳定性,首次揭示了金属纳米粒子在石墨烯切割中扮演"吃豆人(Pac-Man)"的角色,揭示了 BiOCl 纳米片分子氧活化机理,在金属团簇中成功实现了单原子掺杂(*Angew. Chem. Int. Ed.*,2011(50):12294;*Angew. Chem. Int. Ed.*,2013(52):9035;*Angew. Chem. Int. Ed.*,2016(55):9918;*J. Am. Chem. Soc.*,2013(135):15750;*J. Am. Chem. Soc.*,2015(137):15350)。李群祥教授研究组在单分子器件输运特性研究中也取得了进展。

近十年内,单分子科学团队承担科技部国家重大科学研究计划项目3项(首席科学家:杨金龙教授和罗毅教授)、重点研发计划项目2项(首席科学家:杨金龙教授和罗毅教授)，中国科学院先导项目(B)1项(首席科学家：杨金龙教授)，国家自然科学基金委员会创新团队连续资助项目2期(负责人：杨金龙教授)，国家自然科学基金委员会重点(大)项目4项，国家优秀青年科学基金项目3项，国家杰出青年科学基金项目1项，以及其他部委科研项目20余项。

单分子科学团队的研究成果"双功能单分子器件的设计和实现"入选教育部评选的2009年度中国高校十大科技进展；"亚纳米分辨的等离激元增强单分子拉曼成像技术"荣获2013年度中国分析测试协会科学技术奖(简称CAIA奖)特等奖；"实现最高分辨率单分子拉曼成像"入选2013年度中国十大科技进展新闻，由此单分子科学团队的多名骨干研究成员也获得2014年中国科学院杰出科技成就集体奖等。董振超教授2010年获得中国科学技术协会"全国优秀科技工作者"荣誉称号，2013年获得中国科大杰出研究校长奖；杨金龙教授2011年被增选为美国物理学会会士，2015年被评选为全国先进工作者。

我系培养的研究生获得多种奖励，向红军获全国百篇优秀博士学位论文奖(2008年，导师：杨金龙教授)，杜晓东获安徽省首届优秀硕士学位论文奖(2008年，导师：李群祥教授)，潘拴获安徽省优秀博士学位论文奖(2010年，导师：侯建国院士)，张晓磊的博士论文被评为安徽省第四届优秀博士学位论文(2014年，导师：董振超教授)，张瑞的博士论文被评为中国科学院优秀博士学位论文(2014年，导师：董振超教授)，李星星和张尧荣的博士论文被评为中国科学院优秀博士学位论文(2016年，导师分别是杨金龙教授和董振超教授)。

二、理论与计算化学

理论与计算化学方向运用理论计算模拟的方法而非通过实验研究化学反应的本质问题。理论与计算化学的研究领域主要包括量子统计动力学、量子化学、化学热力学、非平衡态热力学、分子反应动力学、催化反应动力学。理论与计算化学是化学物理系的传统和优势研究方向，研究队伍目前包括教育部"长江学者奖励计划"入选者1人，国家杰出青年科学基金获得者4人，国家优秀青年科学基金获得者3人，中国科学院院士(兼职)1人等多位研究人员。

量子统计动力学团队的研究方向旨在发展理论与计算化学方法，开发相应的数值计算程序，以研究复杂化学、物理、材料与生物体系的结构和性质，为揭示复杂体系的微观动力学过程和物理化学机制提供重要的理论工具与手段，为实现前沿研究提供理论依据和新的思路。近十年来，中国科大严以京、徐瑞雪、郑晓、张厚道的研究团队在复杂体系量子动力学领域取得了一系列突破性的成果：发展了严格的量子耗散理论方法-级联运动方程（HEOM）方法；率先构建了适用于费米子环境的级联方程组；发展了一系列高效的数值方法；开发了精确高效的 HEOM-QUICK 计算程序；结合量子化学计算，深入研究了一系列真实复杂环境中的分子体系平衡或非平衡稳态、多维光谱、相干动力学、电荷转移与输运、强关联电子态等重要课题（*Progress in Chemistry*，2012(24):1129-1152；*Phys. Rev. Lett.*，2012(109):266403；*Phys. Rev. Lett.*，2013(111):86601；*WIREs Comput. Mol. Sci.*，2016(6):608-638）；发现光合反应中心Ⅱ中蛋白质环境影响能量传递活性链的选择机制（*Nat. Commun.*，2014(5):4170）。从 2014 年起，严以京教授团队进一步发展了适用于声子、电子、激子三类量子环境的耗散子运动方程（DEOM）理论，在强场 Fano 共振动力学、强关联量子点体系电流噪声谱等极具理论挑战性的重要问题上取得了重要进展（*Front. Phys.*，2016(11):110306）。

杨金龙教授团队发展了适用于复杂体系线性标度电子计算的系列算法，并开发出相应的享有自主知识产权的大型计算程序包（*Int. J. Quantum Chem.*，2015(115):647）；提出一种红外光光解水新机制，拓宽了太阳光利用的频谱范围（*Phy. Rev. Lett.*，2014(112):18301）；提出双极磁性半导体等新概念，并设计出多种新型纳米器件材料（*J. Am. Chem. Soc.*，2012(134):5718；*J. Am. Chem. Soc.*，2014(136):11065；*J. Am. Chem. Soc.*，2014(136):5664）。李震宇教授研究组对石墨烯切割和生长机理进行了系统的研究（*J. Am. Chem. Soc.*，2009(131):6320；*J. Am. Chem. Soc.*，2012(134):6045；*J. Am. Chem. Soc.*，2017(139):7196；*Phys. Rev. Lett.*，2015(114):216102）。

罗毅、张群、江俊教授团队提出"理论模拟-精准制备-先进表征"三位一体的协同研究模式。江俊教授陆续阐明了光催化过程中各个步骤的作用机制，挖掘出制约光催化效率的各种关键参数及其联动机制，设计了一批高效的光催化材料体系（*Nat. Commun.*，2017(8):16049；*J. Am. Chem. Soc.*，2016(138):8928；*Angew. Chem. Int. Ed.*，2016(55):6396；*Angew. Chem. Int. Ed.*，2015(54):11495）。罗毅教授基于第一性原理阐述了结合拉曼光谱高化学灵敏度和扫描探针显微术高空间分辨的双重优势，开发了等离激元增强拉曼多阶非线性信号的模拟方法（*J. Am. Chem. Soc.*，2016(138):15896；*Angew. Chem. Int. Ed.*，2016(55):1041；*Angew. Chem. Int. Ed.*，2013(52):4914）。

侯中怀教授课题组的主要研究方向为介观非平衡统计力学方法的发展与应用，建立包含分子-局域电场相互作用的非平衡动力学模型，揭示了动力学决定的针尖增强二氧化碳电催化还原机理(*Angew. Chem. Int. Ed.*, 2017(56):15617);建立了适用于石墨烯外延生长过程的多尺度动力学蒙特卡洛模型与方法,认识了 Ir 及 Ru 表面石墨烯高度非线性生长行为的内在机理(*J. Am. Chem. Soc.*, 2012(134):6045);结合合成生物学实验与介观体系动力学分析,发现并认识了小数效应诱导的基因开关第三个稳定定态。

李微雪教授课题组主要从事纳米催化及多相催化反应理论研究,围绕催化材料的晶相效应、碳氧键的活化、催化材料的稳定性展开深入、系统的研究,通过大规模的理论计算,利用催化剂晶相效应从理论上预言了高性能的面心立方钌催化剂,指导了催化剂合成,实现了液相费托催化性能的大幅提升(*J. Am. Chem. Soc.*, 2017(139):2267-2276);通过实验和理论的合作研究,利用廉价的 CoTe 化合物不同的晶相和晶面效应,实现了高效的电极析氧反应(*Angew. Chem. Int. Ed.*, 2017(56):7769-7773)。

在过去十年中,该方向研究成员承担科技部国家重点(大)项目 4 项,国家自然科学基金委员会重点(大)项目 4 项,国家杰出青年科学基金项目 3 项,中国科学院前沿科学重点研究项目 2 项,科技部"973"计划青年科学家项目 1 项,国家优秀青年科学基金项目 3 项,以及其他部委科研项目近 20 项。

该方向研究成员以通讯(含共同通讯)作者身份在 *Nat. Commun.* 上发表论文 2 篇,在 *Angew. Chem.* 上发表论文 7 篇,在 *J. Am. Chem. Soc.* 上发表论文 8 篇,在 *Phys. Rev. Lett.* 上发表论文 6 篇;在各类国际重要学术会议上做邀请报告和大会报告一百余人次。在国际交流方面,严以京教授成功举办了 2 次国际学术会议。杨金龙教授、罗毅教授主办了 2015 年国际量子化学大会合肥卫星峰会"纳米材料模拟研究进展"。严以京教授牵头建立了国际化学理论中心(International Center for Chemical Theory,ICCT)。ICCT 中心曾邀请非线性光谱领域的泰斗,如美国加州大学欧文分校的 Shaul Mukamel 教授、美国南加州大学的 Oleg Prezhdo 教授、美国加利福尼亚大学圣迭戈分校的 Massimiliano Di Ventra 教授、英国剑桥大学的 Stuart C. Althorpe 教授、英国诺丁汉大学化学院院长 Jonathan Hirst 教授、以色列 Weizmann 研究所的 Shmuel Gurvitz 教授等知名学者来中国科大进行短期学术访问,并与他们建立了良好的合作关系。

杨金龙教授(突出贡献者)和李震宇教授(主要完成人)于 2014 年获中国科学院杰出科技成就集体奖。杨金龙教授、严以京教授分别于 2011 年、2013 年入选美国物理学会会士(APS Fellow)。郑晓教授、江俊教授于 2015 年分别获中国化学会唐敖庆理论化学青年奖,李震宇教授于 2015 年获中国化学会青年化学奖。多名研究生获中国化学会和中国科学院奖励。博士研究生李星星获 2015 年中国科学院院长特别奖和 2016 年中国科学院优秀博士学位论文奖。

三、光谱与化学动力学

研究光与物质相互作用过程的光谱学的任务是其量子物理过程的阐述和研究方法的发展。化学动力学主要研究化学反应的发生、动态历程和产物分布,着重微观机制的揭示和阐述。光谱方法被广泛应用于化学动力学研究中。光谱与化学动力学是化学物理系的传统和优势研究方向,研究队伍目前包括国家优秀青年科学基金获得者 1 人,国家杰出青年科学基金获得者 3 人和中国科学院院士 1 人在内的主要研究人员 15 人(含兼职 3 人)。

近十年内,罗毅教授团队建立了超快非线性光谱研究平台,着重发展了界面、振动态选择的飞秒时间分辨和频光谱技术,解决了界面复杂分子结构与界面氢键重构等表征难题(*J. Am. Chem. Soc.*,2014(136):1206;*Angew. Chem. Int. Ed.*,2017(56):12977);发展了分子光学暗态的直接探测方法,在光生空穴转移、陷阱态、等离激元等动力学作用机制研究方面取得了重要进展(*J. Am. Chem. Soc.*,2015(137):8769;*Nat. Commun.*,2012(3):1194;*Nat. Commun.*,2015(6):8647);发展了系统描述纳腔等离激元场和小量子体系作用的基本理论和计算方法(*Phys. Rev. Lett.*,2011(106):177401;*J. Am. Chem. Soc.*,2015(137):9515);成功模拟和解析了纳腔等离激元和 C_{60} 单分子扫描隧道显微镜中的电致发光谱,以及全新的非线性电子散射现象(*Nat. Phys.*,2014(10):753)。胡水明教授团队在高精密光谱实验技术及其应用上取得了重要进展,特别是在 ^{4}He 原子的 2^3PJ 能级结构以及 2^3S-2^3P 能级跃迁的精细光谱测量中刷新了国际记录,对量子色动力学的基本原理检验具有重要意义(*Phys. Rev. Lett.*,2017(118):63001;*Phys. Rev. Lett.*,2017(119):263002);发展了激光冷却原子痕量探测和极高灵敏度的光腔衰荡光谱技术,在水文观测、环境监测应用方面取得了突破性进展。陈旸教授研究组和刘世林教授研究组分别在自由基光谱和液相拉曼光谱研究中取得了进展。

在气相分子反应动力学研究方面,田善喜教授研究组建立了一台用于研究"低能量电子贴附解离动力学"的负离子速度时间切片成像谱仪,利用这台装置开展了系统实验研究,发现了电子-分子共振态间的"相干干涉"、空间取向的电子贴附等新现象(*Angew. Chem. Int. Ed.*,2013(52):1013);发现了"电子贴附 CO_2 分子产生 O_2"反应通道,基于此提出了解答地球原始大气中少量氧气"起源之谜"的新机制,这对深入了解大气化学和相关星际化学过程具有重要意义(*Nat. Chem.*, 2016(8): 258)。刘世林教授和周晓国副教授基于合肥同步辐射装置搭建了一台性能优越的光电子-光离子复合速度成像谱仪,用于研究分子离子的解离动力学和化学键能参数的获取。王兴安教授组建了用于原子-分子碰撞反应研究的交叉束离子速度成像装置。

近十年内,该方向研究成员承担国家自然科学基金委员会重点(大)项目4项、科学仪器项目3项、国家优秀青年科学基金项目1项、国家杰出青年科学基金项目3项,科技部国家重点(大)项目5项,中国科学院重点项目4项,以及其他部委科研项目近20项。

从事该方向研究的成员以通讯(含共同通讯)作者身份在 *Nature* 子刊(*Nat. Chem.*, *Nat. Phys.*, *Nat. Commun.*)上发表论文4篇,在 *Angew. Chem.* 上发表论文9篇,在 *J. Am. Chem. Soc.* 上发表论文9篇,在 *Phys. Rev. Lett.* 上发表论文4篇。有20余人次在各类国际重要学术会议上做邀请报告和大会报告。罗毅教授于2010年获瑞典皇家科学院 Göran Gustafsson 化学奖。田善喜教授、叶树集研究员分别荣获2011年度和2017年度中国化学会"张存浩化学动力学青年科学家奖"。罗毅教授(主要完成人)于2014年获中国科学院杰出科技成就集体奖。叶树集研究员、罗毅教授、李红春老师于2014年获中国分析测试协会科学技术奖二等奖。田善喜教授还获得2017年中国科学院优秀导师奖。多名研究生获中国化学会和中国科学院奖励,博士研究生唐小峰、夏磊、葛晶、王旭东分别获2011年、2013年、2015年和2017年度中国化学会"张存浩化学动力学优秀研究生奖",葛晶、张雷分别获2014年和2016年度全国超快光谱专业委员会"超快光谱研究卓立励志奖",夏磊获2013年中国科学院院长优秀奖,王旭东获2017年中国科学院院长特别奖。

四、多相催化化学

表面化学和多相催化方向拥有以中青年优秀人才为主的教师队伍。黄伟新教授获得国家杰出青年科学基金资助,入选教育部"长江学者奖励计划",获得中国化学会青年化学奖和中国真空学会青年科技创新奖。李全新教授、黄伟新教授和陈艳霞教授入选中国科学院"引进国外优秀人才计划"。黄伟新教授和马运生副教授获中国科大海外校友基金会优秀青年教师奖。黄伟新教授作为团队带头人,通过与中国科大物理化学、无机化学、材料物理与化学和同步辐射方法学等研究方向的青年骨干教师

第二章 化学物理系(3系)

交叉合作,成立的"先进催化材料的结构-性能关系:试验与理论"研究团队,在2007年成功入选教育部创新团队(IRT0756)。

表面化学和多相催化方向在研究生培养方面也取得了较好的成绩。培养的学生中有4人分别在国内高校担任副教授或副研究员(中国科大(千坤)、苏州大学(潘越)、南京工业大学(方钧)、华南师范大学(高爱梅)),邬宗芳获德国亚历山大洪堡基金会"洪堡学者"称号,许令顺和熊锋分别获第15届(德国慕尼黑)和第16届(中国北京)国际催化大会"青年科学家奖",千坤作为中国优秀博士生代表出席德国林岛诺贝尔奖获得者大会,曹天获第12届欧洲催化大会博士生奖,许令顺获教育部"博士学术新人奖"及中国真空学会真空科学硕士和博士优秀论文奖,千坤和许令顺获卢嘉锡教育基金会卢嘉锡优秀研究生奖学金,陈士龙获第17届全国催化学术会议"优秀墙报奖",包蕙质、曹天、丁良兵和李丹分别获第12届、14届、15届和16届全国青年催化学术会议"优秀墙报奖"。

表面化学和多相催化方向目前已形成了催化表面化学、表面探针显微技术和表面反应、先进催化材料、生物质能源化工与催化化学、谱学电化学和电催化等研究方向,并取得了系列研究进展。该方向研究成员主持国家杰出青年科学基金项目、重大研究计划重点项目、中德合作研究项目、面上项目和青年项目,科技部国家重点研发项目课题、"863"项目、国家科技重大专项子任务,中国科学院先导专项子任务及重要方向性项目等科研项目,在 *J. Am. Chem. Soc.*,*Angew. Chem. Int. Ed.*,*Nat. Commun.*,*Acc. Chem. Res.*,*Chem. Soc. Rev.*,*Surf. Sci. Rep.* 等研究领域国际主流期刊上发表研究论文和综述,在 Elsevier 出版的 *Catalysis by Materials with Welldefined Structures*,RSC 出版的 *Heterogeneous Gold Catalysts and Catalysis*,Elsevier 出版的 *Encyclopedia of Interfacial Chemistry: Surface Science and Electrochemistry* 等国际著作中撰写章节,合作出版专著1本,获得授权国家发明专利20余件,研制生物质能应用示范装置2套。李全新教授与海尔集团合作的研发成果获2005年国家科学技术进步奖二等奖。

表面化学和多相催化方向在国际合作与社会服务方面也取得了较好的成绩。黄伟新教授担任中国化学会催化委员会委员,*Applied Surface Science* 期刊编辑和 *Catalysis Letters*,*Topics in Catalysis*,《中国化学快报》及《中国科学:化学》等期刊编委,担任中国科学院-德国马普学会"多相催化模型体系结构-性能关系"伙伴小组组长,主持国家自然科学基金委员会中德合作研究项目和中韩合作交流项目,组织或共同组织了2013年现代催化研究方法高级讲习班、第15届全国青年催化学术会议(2015)、第249届美国化学会"氧化物表面化学与催化"分会(2015)、第一届应用表面科学国际会议(2015)、中国化学会第30届学术年会"表界面结构调控与催化:实验和理论"分会(2016)、中国科大化学物理系-德国马普学会弗里茨-哈伯研究所化学物理系氧化物表面化学研讨会(2017)。路军岭教授担任中国科学院-德国马普学会"面向先进催化的负载型金属团簇催化剂精准设计"伙伴小组组长。本方向的国际合作同行德国马普学会Fritz-Haber研究所所长Hans-Joachim Freund教授受聘担任中国科大客座教授和中国科大爱因斯坦讲席教授，并应邀做"大师论坛"学术报告。

五、大分子胶体与溶液

大分子胶体与溶液方向主要研究合成高分子和生物大分子在溶液、胶束、囊泡及凝胶中折叠、聚集、缠结和组装等行为的热力学和动力学以及大分子之间的相互作用。研究内容主要包括植物蛋白的分离、精制与加工，分子药物非病毒载体的设计与研发，功能性大分子的设计、合成与自组装，大分子溶液和凝胶网络的动力学与结构，大分子体系离子特异性效应，聚电解质溶液、大分子构象变化的动力学，拓扑高分子结构与性能关联性等。研究方向的主要目标为通过将合成化学、高分子、物理化学和分子生物等相结合，设计和实施决定性的实验来回答与大分子、胶体以及生物有关的重要科学问题。研究方向的特色是物理、化学和生物学交叉，理论与实验紧密结合。

大分子胶体与溶液方向拥有一支优秀的教师队伍。中国科学院院士吴奇教授领导成立了高分子胶体与溶液实验室，其他实验室成员主要包括国家杰出青年科学基金获得者张广照教授，国家优秀青年科学基金获得者刘光明教授、闫立峰教授、叶晓东副教授和李连伟特任研究员。近十年来，实验室成员在科研方面取得了一系列重要进展。吴奇教授等的一系列研究成果发表在 *Macromolecules* 等期刊上；刘光明教授、张广照教授等的研究成果发表在 *Science Advances*，*Nat. Commun.*，*Advanced Materials* 等期刊上；闫立峰教授的研究成果发表在 *Advanced Materials*，*ACS Applied Material Interfaces*，*J. Mater. Chem. B* 等期刊上；刘光明教授、张广照教授合著出版了 *QCM-D Studies on Polymer Behavior at Interfaces*(2013)和《石英晶体微天平-原理与应用》(2015)。2010年吴奇教授主持了国家自然科学基金委员会重点项目"创立利用高分子超滤来分离和表征构象和构筑不同的链的方法"；2012年张广照教授作为首席科学家承担了科技部国家重大科学研究计划项目"仿生可控黏附纳米界面材料"。

大分子胶体与溶液方向在人才培养方面取得了优异的成绩，已经培养了几十名优秀的硕士、博士研究生。张广照教授指导的刘光明博士获2009年度安徽省优秀博士学位论文奖,2013年入选中国科学院创新促进会,2014年获安徽省"教坛新秀"称号,2016年获得国家优秀青年科学基金项目资助,2017年入选中国科学院创新促进会优秀会员;吴奇教授指导的李连伟博士获2011年度郭永怀奖学金、2014年度中国科学院院长优秀奖以及2014年度施普林格论文奖,现为中国科大特任研究员;闫立峰教授指导的陈武峰博士获2014年度中国科学院院长特别奖,闫立峰教授同时获2014年度中国科学院优秀导师奖;张广照教授指导的赵俊鹏博士获2009年度香港"求是"研究生奖学金和2010年度中国科学院院长优秀奖,现为华南理工大学教授;张广照教授指导的马春风博士入选2015年度"香江学者计划",现为华南理工大学教授。此外,张广照教授在调任华南理工大学后获聘2012年度教育部"长江学者奖励计划"特聘教授。

  大分子胶体与溶液方向的工作受到国内外同行的高度肯定。吴奇教授担任美国化学会期刊 *Macromolecules* 副主编、德国 *Macromolecular Journals* 执行顾问编委以及 *Polymer* 和 *Langmuir* 期刊编委。张广照教授担任 *Macromolecular Chemistry and Physics* 期刊编委。闫立峰教授担任 *Materials Science and Nanotechnology*,*General Chemistry*,《精细化工》和《煤炭与化工》等期刊编委。2017年,闫立峰教授获国际先进材料联合会(IAAM)颁发的亚洲先进材料成果奖。张广照教授获2009年度中国化学会高分子科学创新论文奖和2011年度冯新德高分子奖;刘光明教授、张广照教授获2011年度中国分析测试协会CAIA奖(二等奖);吴奇教授、李连伟特任研究员获2014年度冯新德高分子奖和2015年度中国化学会高分子基础研究王葆仁奖。

第三章
应用化学系
(12系)

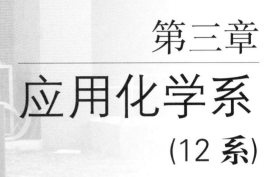

第三章 应用化学系(12系)

应用化学系(12系)创建于1982年,历经1997年化学与材料科学学院成立及后续学科发展,逐渐形成了以应用化学、环境化学、辐射化学、感光化学、材料化学等学科方向为主体的特色系。该系培养了包括杨培东、何川、段镶锋、殷亚东、孙玉刚、崔屹、黄昱等国际著名化学家在内的一大批优秀校友,具有广泛的国际知名度。2001年,应当时的基础学科发展需求,应用化学系的学科方向分别并入化学系、高分子科学与工程系和材料科学与工程系。

随着国家战略需求和国际重大科学前沿的发展,逐渐凸显出发展以应用为导向的化学学科的重要性。根据校学科发展和人才培养的需要,2018年5月,校长工作会议研究决定恢复应用化学系,包括能源化学、应用化学、环境工程、可再生清洁能源四个专业方向。应用化学系未来将发展化学与能源、环境、化工、生物、医学、药学等交叉的新兴学科,通过理工科融合,注重原始创新,催生变革性技术,为国家培养能源、环境、化工和生命等相关应用领域的具有创新意识和实践能力的高素质创新型科研人才。

应用化学系现有教职员工共36人,其中教授10人,特任教授6人,副教授和副研究员7人,特任副研究员11人,实验员2人,包括中国科学院院士1人,教育部"长江学者奖励计划"入选者2人,国家杰出青年科学基金获得者5人,国家优秀青年科学基金获得者6人,教育部"长江学者奖励计划"青年学者2人。

应用化学系现任系主任是崔屹教授,执行系主任和系党总支书记是熊宇杰教授,系党总支常务副书记是周小东老师。

第四章
材料科学与工程系
(14系)

第四章 材料科学与工程系（14系）

1987年10月，为了更好地适应国内材料科学的研究现状，推动中国科大的材料科学发展，由滕藤校长、辛厚文常务副校长决策，将物理系的晶体物理专业和应用化学系的无机化学（部分）、高分子化学与高分子物理专业合并，正式组建成材料科学与工程系，下设材料物理、无机非金属材料、高分子化学和高分子物理四个教研室。材料科学与工程系首任常务系副主任为郑兆勃，系副主任为潘才元、孟广耀，系党总支书记为袁志俭。材料科学与工程系先后建立材料物理与化学和材料学博士点，其中材料物理与化学于2002年成为安徽省重点学科，材料学于2008年成为安徽省重点学科。

材料科学与工程系现拥有一支学历层次高、年龄结构合理的师资队伍，共有教授27人（含双聘教授5人），副教授9人（含副研究员和高级工程师），包括中国工程院院士1人（吴以成），国家杰出青年科学基金获得者4人（陈初升、高琛、陈乾旺、吴文斌），国家优秀青年科学基金获得者2人（朱彦武、余彦），科技部国家重点基础研究发展计划（"973"计划）、国家重大科学研究计划首席科学家2人（陆亚林、高琛），教育部"新世纪优秀人才支持计划"入选者4人（阳丽华、杜平武、朱彦武、夏长荣）。另聘请国内外院士和教授9人担任材料科学与工程系兼职教授。

创系之初，学校要求把化学与物理、工程与理论相结合，办出有自己特色的材料学科。到学校50周年校庆时（2008），材料科学与工程系在保持理科特色的基础上，考虑材料学科的发展、自身的能力和准备情况，初步形成了材料科学的课程体系，并在材料科学与工程系成立以来20年的探索与发展中，不断优化本科生和研究生的课程设置，鼓励教师结合科技发展前沿开设专业选修课，撰写教材。本系注重培养学生的实验能力，并建设了材料科学基础教学实验室。2013年，本系修订了本科生与研究生培养方案，确定本科阶段按照材料物理与材料化学方向培养学生，旨在培养学生具有坚实的数理基础，广博的材料学基本知识，系统扎实的材料学基础理论、基本实验方法和技能，使学生了解材料学科发展的前沿和科学发展的总体趋势，熟练掌握英语和必要的计算机应用基础知识，受到科学思维和科学实验的训练，具有一定的科学基础研究、应用基础研究及科技管理的综合能力。为此，系里确定选修材料物理与材料化学的本科生在接受学校与学院通识教育的基础上，还需要完成"物理化学Ⅲ""固体材料结构基础""材料制备与加工""固体物理"以及"材料科学基础实验"五门专业核心课程和"材料研究方法"与"材料物性"两门专业方向课程。此外，材料物理专业的学生需要完成"理论力学与电动力学"和"大学物理-研究性实验"课程，材料化学专业的学生需要完成"化工原理"和"化工实验"差异性学科群基础课课程。

在研究生培养阶段，以材料物理与化学和材料学两个方向为主体培养的研究生，在完成院定基础课（其中材料科学与工程系开设有"固体物理""固体材料结构学""材料物理""材料合成化学""材料中的速率过程"和"热力学与相平衡")的基础上,材料物理与化学方向的学生还需要完成"薄膜材料科学与技术""晶体材料制备原理与技术""材料力学与热学性能"以及"计算材料学"四门核心课程;材料学方向的学生还需要完成"陶瓷科学与工艺学""固体化学""溶胶凝胶化学与工程引论"以及"纳米材料学"四门核心课程。

目前材料科学与工程系有在校博士生140余人,硕士生130余人,本科生140余人,80%以上的本科毕业生被国内外著名大学或研究机构录取为研究生,其余学生被各科研机构或公司等聘用。

材料科学与工程系的主要科研方向有光电转换材料及器件、固态离子传导材料、低维材料、材料设计与模拟、先进表征方法与技术等,且已取得了一系列创新性研究成果。目前该系承担和参与科技部国家重大科学研究计划项目、国家重点研发计划项目,中国科学院创新仪器研制项目,国家自然科学基金委员会优秀青年科学基金项目和面上项目等40余项科研任务。

一、光电转换材料及器件

光电转换材料及器件方向主要研究高性能光电材料与器件及其工业应用。研究内容主要包括:原子分子层次到宏观尺度材料的结构-性能关系;基于纳米材料和薄膜制备技术,设计与研制可实现高效太阳能电池器件的新型能源材料;能源转换材料与器件制备、器件与系统优化设计与集成,低成本、工艺创新、自主知识产权材料。光电转换材料及器件研究团队主要由朱长飞、陆亚林、徐鑫、杨上峰、杜平武、陈涛等12人组成。

杨上峰教授课题组的主要研究方向为富勒烯功能材料、有机光电转换材料及新型界面材料的制备和光伏性能研究,设计并合成了多种内嵌不同类型磁性金属原子簇的新结构内嵌富勒烯材料,实现了内嵌富勒烯的单分子磁性调控(*J. Am. Chem. Soc.*,2016(138):207-214;*J. Am. Chem. Soc.*,2016(138):14764-14771;*Angew. Chem. Int. Ed.*,2017(56):1830-1834;*Angew. Chem. Int. Ed.*,2018(57):10273-10277);通过笼外修饰,开发了一系列含有七元环的新型非常规富勒烯衍生物材料以及多加成内嵌富勒烯衍生物材料,为深入研究富勒烯衍生物功能材料的构效关系及其潜在应用奠定了基础(*Angew. Chem. Int. Ed.*,2014(53):2460-2463;*Angew. Chem. Int. Ed.*,2016(55):3451-3454;*J. Am. Chem. Soc.*,2017(139):4651-4654;

Angew. Chem. Int. Ed.,2017(56):11990-11994;*J. Am. Chem. Soc.*,2018(140):3496-3499);开发了一系列有机光电转换材料及新型界面材料,将其应用于聚合物/钙钛矿太阳能电池器件以及光催化产氢中,推动了富勒烯材料在光电能量转换领域中的应用(*Adv. Mater.*,2017(29):1605776;*Adv. Energy Mater.*,2018(8):1800397;*Energy Environ. Sci.*,2013(6):1956-1964)。

杜平武教授领导的光化学与能源催化材料课题组多年来致力于大共轭弯曲碳材料和清洁能源方面的研究,在弯曲碳纳米管片段领域首次提出并实现了利用封端模板法构建大共轭碳纳米管片段的方法,构建了锯齿形[12,0]碳纳米管片段,为构建其他封端纳米管奠定了基础(*Angew. Chem. Int. Ed.*,2018(57):9330);报道了迄今为止最大共轭的弯曲碳纳米环(含68个苯环,408个碳原子),利用STM第一次在Au表面观测到碳纳米环的形貌,确定了其结构(*Chem. Commun.*,2016(52):7164;*Angew. Chem. Int. Ed.*,2017(56):158);应邀在2018年9月5日牛津大学举行的第三届国际弯曲碳材料会议上做相关报告;发展了负载金属磷化物到半导体光催化剂和多孔电极表面的方法,这些材料在光催化、电催化方面表现出优异的性能,比如首次构建了接触紧密的磷化镍/硫化镉纳米棒复合结构,极大地提高了光催化制氢性能,实现了高效的光催化制氢,并以封面文章的形式发表在*Energy Environ. Sci.*期刊上(*Energy Environ. Sci.*,2015(8):2668);提出了双金属固溶体协同作用提高催化效率的方法,成功地在泡沫镍基底上原位生长了铁镍磷固溶体纳米片,提高了其催化活性,其催化水氧化过电势仅为0.12 V(*Adv. Mater.*,2017(29):1704075)。

提高太阳能电池转换效率的关键是提高对太阳光的吸收和利用,依据等离激元效应,陆亚林教授及其团队在国际上首次提出在硅基太阳能电池中应用掩埋金属纳米光栅来大幅度增强太阳能电池光吸收效率的机制(*Nano Lett.*,2010(10):2012),进一步将金属等离子体增强效应引入有机太阳能电池中,有效地提高了光吸收效率,从而提高了光电流(*Nano Energy*,2015(2):906)。这一研究方向在*Nano lett.*,*Nano energy*,*Theranostics*,*Optics Express*等期刊上共发表论文20多篇,申请发明专利9项,其中已授权3项。相关工作还获得2012年国际ENI奖提名并进入最终评审。

朱长飞教授和陈涛教授主要开展铜铟镓硒[CuInGaSn]和硫硒化锑[$Sb_2(S,Se)_3$]无机太阳能电池方面的研究。作为一种新型太阳能电池材料,$Sb_2(S,Se)_3$具有元素储量丰富、化学组分简单、性质稳定、带隙可调等优点,具有潜在的实际应用前景。为了提高其光电转换效率,该课题组发展了一系列的化学及物理合成方法。在光吸收材料的带隙设计方面,通过控制硒与硫化锑的扩散与反应,得到了具有硫化锑-硒化锑梯度带隙的光吸收材料。在这种结构中可以同时得到较高的开路电压和短路电流。另外，通过改进水热生长方法，得到了高质量的硫硒化锑光吸收材料，实现该类器件领先的光电转换效率，并发现了新颖的物理现象，比如基于该材料的太阳能电池外量子效率可以达到100%。

在过去十年中，光电转换材料及器件团队主持和承担科技部国家重大科学研究计划项目1项（结题被评为优秀），科技部国家重点研发计划项目1项，国家自然科学基金委员会面上项目7项，中国科学院重点部署项目1项，中国科学院国际合作局对外合作重点项目1项，中国科学技术大学量子通信与量子计算机重大项目引导性项目1项，中国科学院合肥物质科学技术中心和合肥大科学中心项目6项，以及其他部委科研项目近10项。

该方向研究成员以通讯（含共同通讯）作者身份在 *Nat. Commun.* 上发表论文5篇，在 *Proc. Nati. Acad. Sci.* 上发表论文1篇，在 *Adv. Mater.* 上发表论文4篇，在 *Angew. Chem.* 上发表论文7篇，在 *J. Am. Chem. Soc.* 上发表论文5篇，在 *Energy & Environ. Sci.* 上发表论文4篇，在 *Chem. Rev.* 上发表论文1篇，在 *Chem. Soc. Rev.* 上发表论文1篇；在各类国际重要学术会议上做邀请报告和大会报告的有80余人次。在国际交流方面，杨上峰教授作为大会主席于2013年6月16—21日成功组织举办了第一届国际纳米碳材料学术研讨会。自2016年5月起，该方向研究成员受邀担任美国电化学会第229届、231届、233届会议B04/B05分会"富勒烯-内嵌富勒烯与分子碳"的牵头组织者，负责邀请所有报告人及安排报告日程。此外，该方向研究成员与美国阿贡国家实验室、美国南达科塔州立大学、俄罗斯莫斯科州立大学建立了紧密的合作关系，并发表了多篇合作论文。

2008年，杨上峰教授入选 *Angew. Chem. Int. Ed.* 的《作者人物》专栏介绍（*Angew. Chem. Int. Ed.*，2018(57)：6972，该专栏每期1人，每年全球52人）。杜平武教授先后担任 *Journal of Energy Chemistry* 和 *Chinese Journal of Catalysis* 期刊编委。该方向研究团队培养的博士研究生获得过多种奖励，卫涛和汪松的博士论文分别获2016年、2017年度中国科学院优秀博士学位论文奖（导师：杨上峰教授），凌意瀚获中国科学院院长奖（导师：陆亚林教授），韩阿丽、孙子君、路大鹏获博士生国家奖学金，刘香获香港"求是"研究生奖学金（导师：杜平武教授）。

二、固态离子传导材料

固态离子传导材料方向主要研究燃料电池、锂离子电池的关键材料、过程及其科学问题,主要采用一系列化学合成方法设计、制备和优化电极和电解质材料,提高电池的长期循环寿命和大倍率充放电能力,重点探索改善储能电池安全性的途径,并通过与相关的材料、电池公司合作,为燃料电池、锂离子电池在手机、手提电脑、电动自行车、电动汽车及大型储能系统中的应用提供研究基础。产能储能材料研究团队主要由陈初升、夏长荣、陈春华、余彦、曹瑞国等7人组成。

余彦教授团队致力于高能量密度电极材料的可控制备以及储锂/储钠机理的研究,遵循材料设计优化到材料的储锂/储钠机理从微观到宏观、从现象到规律、从应用方法到发展方法的研究历程,围绕非碳基负极材料的微观形貌、结构、成分与电化学性能的依赖关系,展开了深入系统的研究。近五年来,该研究团队在锂/钠离子电池电极材料的设计、制备和储能机理研究方面取得了一系列突破性成果:最早构建了基于双碳层结构 NASICON 材料的超长循环寿命钠离子电池,为高倍率长循环钠离子电池的发展提供了全新思路和普适方法(*Nano Lett.*,2014,14(9):5342;*Adv. Mater.*,2015(27):6670;*Adv. Mater.*,2016(28):2409-2416;*Adv. Energy Mater.*,2015(5):1402104;*Adv. Energy Mater.*,2016(6):1502568);设计了中空、多孔、核/壳结构合金类负极材料,揭示了此类材料对充放电过程中体积效应的有效缓冲,实现了稳定长循环高容量电极的内在机理(*Angew. Chem. Int. Ed.*,2015(54):9632-9636;*Energy Environ. Sci.*,2015(8):3531;*Adv. Mater.*,2007(19):993;*Adv. Mater.*,2010(22):2247;*Adv. Mater.*,2011(23):2443;*Adv. Mater.*,2014(26):6025);构筑了"0D 纳米粒子嵌入 1D 碳纳米线"的独特一维结构,大幅提高了多种纳米结构正、负极材料的性能(*Angew. Chem. Int. Ed.*,2014(126):2184;*Angew. Chem. Int. Ed.*,2009(48):6485;*Adv. Mater.*,2016(28):174-180;*J. Am. Chem. Soc.*,2009(131):15984;*Adv. Funct. Mater.*,2015,25(15):2335);构建了基于一维纳米线(管)结构的新型高倍率长循环寿命柔性电池器件,设计合成单晶一维纳米线(V_6O_{13};$LiFePO_4$)正极材料(*Adv. Mater.*,2016(28):2259-2265;*Adv. Energy Mater.*,2015(5):1401377;*Adv. Funct. Mater.*,2016(26):1112-1119;*Nano Lett.*,2014(14):2597;*Nano Lett.*,2015,15(2):1388;*Angew. Chem. Int. Ed.*,2011(50):6278);实现了高能量密度正极材料的长循环稳定性,对氧化物体系的可控制备和电

化学性能优化表现出了重要的指导意义。

陈春华课题组长期专注于锂离子电池材料的基础研究,近十年共发表相关论文180余篇,陈春华也入选2015年、2016年汤森路透全球高被引科学家榜单。比如,该团队设计制备了三维多孔的钒氧化物薄膜材料,并将该材料应用于锂离子电池正极,测试结果显示该材料具有优异的大电流充放电性能,这意味着通过三维多孔结构的设计,人们能够获得具有超高倍率性能的 V_2O_5 正极材料,并且这种材料因具有该性能而有望在高功率电池应用领域得到广泛应用(*Energy. Environ. Sci.*,2011(4):2854)。同时,他们与加州大学河滨分校殷亚东(中国科大9212校友)课题组合作,设计制备了具有多孔结构的单分散、可控粒径钒氧化物亚微米球,取得了高的比容量、优异的循环性能和低温性能(*J. Mater. Chem.*,2011(21):6365),美国权威的替代能源网站 Green Car Congress 对该项研究工作做了题为 *Porous V_2O_5 Cathode Material for Li-ion Batteries Shows Excellent Low-temperature Behavior* 的专题报道。

夏长荣课题组长期进行能源的电化学转化过程研究,成功地研制了低温固体氧化物燃料电池(SOFC),用甲烷、生物质裂解气体为燃料,600 °C 时 SOFC 单电池的输出功率超过 300 mW/cm^2,为低温 SOFC 的实用化提供了实验依据;提出一种电极/电解质一体化的、催化剂粒子纳米化的 SOFC 电极新结构,并用浸渍法研制了这种一体化电极,优化了制备条件,阐述了纳米催化剂的形成过程,得到了电化学活性高、热循环稳定性好的一体化阴极和阳极,此外,这种阳极还具有良好的抗积碳性能;针对 SOFC 电极的结构特点,提出了二维无穷大体系的渗流理论,发展了 SOFC 电极的普适性理论,即适用于各种电极结构的粒子层模型,形成了电极热循环稳定性的力学/电化学模型,给出了电极的界面极化比电阻、三相界面长度与孔隙率、厚度、粒子大小与分布、电极构型等的函数关系,并从理论上证明,与传统复合电极相比,一体化电极具有更好的电化学活性和热循环稳定性;提出复相体系的烧结理论,预测了复合电极中三相界面的形成与演化过程;提出了一种测量三相界面反应速率的实验方法,即复相体系的电化学弛豫法。

刘卫课题组在质子导体 SOFC 领域做出了系列开创性工作,利用掺杂改性开发出电导率更高的 $BaZr_{0.7}Sn_{0.1}Y_{0.2}O_{3-\delta}$(BZSY)质子导体,并采用浆料涂覆法制备了高质量的 BZSY 致密电解质薄膜,相应的单电池最高功率密度在 700 °C 时达到 360 mW/cm^2,比之前文献报道的同类电池体系的最高性能提高了 42%(*Adv. Energy Mater.*,2013(3/8):1041)。此外,他们利用 $Ce_{0.8}Sm_{0.2}O_{2-\delta}$(SDC)氧离子导体开展了中低温 SOFC 的创新研究,发现阻隔层中 SDC 的颗粒外包覆了一层纳米尺寸的 $Ba(Ce,Zr)_{1-x}(Sm,Y)_xO_{3-\delta}$,构成了核-壳结构,有效地提高了电池工作电压,进而提高了电池功率(*Nano Energy*,2014(8):305;*J. Mater. Chem. A*,2017(5):12873)。

陈初升课题组主要从事高温氧分离膜、固体氧化物燃料电池和无机材料成型新技术研究。课题组发现由氧离子导体 $Zr_{0.84}Y_{0.16}O_{1.92}$ 和电子导体 $La_{0.8}Sr_{0.2}Cr_{0.5}Fe_{0.5}O_3$ 组成的双相复合材料不仅具有可观的氧渗透速率,而且具有满意的化学和机械稳定性,是目前最有希望满足燃料重整膜反应器苛刻要求的氧分离膜材料(*Journal of Membrane Science*,2012(389):435-440);提出并实验验证了基于氧分离膜的SOFC燃料预处理器概念,即采用氧分离膜从空气中导入纯氧,将甲烷和其他碳基燃料部分氧化为适合于SOFC使用的氢气和一氧化碳混合气,便于SOFC技术的推广和应用(*Journal of Power Sources*,2012(217):287-290);发展了直开孔无机材料相转化流延成型新技术,制备出了面积为 10×10 cm^2 和 20×20 cm^2 的阳极支撑型SOFC单电池,显著改进了电极的质量输运性能和电池的电化学性能(*Journal of American Ceramic Society*,2017(100):3794-3800),该专利技术现已转让给中科新研陶瓷科技有限公司进行产业化。

近十年内,固态离子传导材料团队主持和承担了科技部国家重点研发计划项目2项,国家自然科学基金委员会重点(大)项目2项,国家优秀青年科学基金项目1项,以及其他部委科研项目30余项。

从事该方向研究的成员以通讯(含共同通讯)作者身份在 *Adv. Mater.* 上发表论文15篇,在 *Angew. Chem.* 上发表论文3篇,在 *Energy & Environ. Sci.* 上发表论文2篇;在各类国际重要学术会议上做邀请报告和大会报告的有20余人次。2012年余彦获德国洪堡基金会"索菲亚奖",2017年获德国Wiley杂志社Small青年科学家创新奖、中国化工学会"侯德榜科技青年奖"、中国硅酸盐学会青年科技奖,2018年她被增选为英国皇家化学会会士;2013年刘卫获中国科大"王宽诚育才奖"一等奖;2015年陈春华获宝钢教育基金优秀教师奖。

在国际交流方面,该方向成员与德国马普所、荷兰Twente大学、美国佐治亚理工学院、澳大利亚莫纳什大学长期保持合作与交流关系,并与美国德克萨斯大学奥斯汀分校、加州大学河滨分校、南卡罗来纳大学和加拿大达尔豪斯大学等联合培养博士生。

该方向研究团队培养的研究生获得过多种奖励,赵凌获中国科学院优秀博士学位论文奖(2012年,导师:夏长荣教授),孙文平获中国科学院优秀博士学位论文奖(2015年,导师:刘卫教授),毕磊获安徽省优秀博士学位论文奖(2011年,导师:刘卫教授),芮先宏获安徽省第四届优秀硕士学位论文奖(2014年,导师:陈春华教授),李维汉获中国科学院院长优秀奖(2016年,导师:余彦教授)。

三、低维材料

低维材料方向主要研究纳米材料的制备、表征和应用。主要内容包括：氧化物纳米材料的制备及储能应用研究；石墨烯及其他新型碳材料的制备、应用和技术转移；黑磷等其他二维材料的制备、表征和能源应用；生物材料在能源、医药等方向相关的表界面控制和特性；能量存储与转换材料在表界面上的纳米行为研究等。低维材料研究团队由朱彦武、季恒星、章根强、阳丽华4人组成。

季恒星课题组近年来致力于新型纳米材料结构设计、制备及其电学与电化学性质研究，取得了一些创新成果。例如，利用CVD石墨烯兼具原子尺寸厚度和宏观尺寸面积的特点，课题组将其用作模型电极，制备了厚度分别具有1至5个原子层和具有可控缺陷/掺杂浓度的石墨烯电极。利用这一系列具有不同厚度、缺陷和掺杂浓度的石墨烯电极，课题组成员对碳材料双电层电容的限制因素有了新的发现：费米面附近的电子态密度低是限制碳材料双电层电容的重要因素；结构缺陷引起碳电极电子态密度的提高，氮原子掺杂引起费米面的提高，这两种结构特征对电子结构的影响是提高双电层电容的关键。基于这一认识，课题组制备了富含结构缺陷和氮原子掺杂的多孔碳电极材料，在水相和有机相电解液中分别获得了401 F/g和207 F/g的质量比电容(*Nat. Commun.*, 2014(5):3317; *Angew. Chem. Int. Ed.*, 2016(5):13822; *Adv. Mater.*, 2016(28):5222)。利用碳纳米结构(碳纳米管、石墨烯/寡层石墨)质量轻、导电好、耐腐蚀的特点，课题组构筑了一系列三维碳组装体。这些三维碳组装体继承了结构单元(寡层石墨、碳纳米管)的优秀性质，兼具自支撑能力和宏观尺寸的共性。同时，结构单元的维度和连接方式又决定了三维组装体的个性；通过范德华力连接的碳纳米管网络能够容忍体积膨胀；通过共价键连接的寡层石墨网络能够限制副反应的发生；结合前两者的结构特征，通过共价键连接在三维寡层石墨网络中的碳纳米管阵列兼具上述特性。作为储锂电极集流体，实现了对能量密度、功率密度和循环寿命的同时提升。研究组利用碳纳米结构(如寡层石墨)性质稳定的特点与具有高储锂活性的材料(如黑磷)复合，发现二者通过形成共价键能够有效稳定储锂材料表面，实现储锂功率密度和循环寿命的同时提升(*Adv. Mater.*, 2016(28):9094; *Adv. Mater.*, 2017(29):1700783; *Adv. Mater.*, 2017(29):1605776; *Adv. Mater.*, 2018(30):1800884; *Adv. Mater.*, 2018(30):1802014; *J. Am. Chem. Soc.*, 2018(140):7561)。

朱彦武研究组近年来致力于石墨烯规模化制备技术研究，并在此基础上聚焦于三维碳材料结构、组分和性能之间的构效关系,得到了一些具有创新性的研究结果。研究组在石墨烯应用研究领域深耕多年,多项技术已经实现规模化生产和产品应用(*Adv. Mater.*,2010(22):3906;*Nat. Sci. Rev.*,2018(5):90),研究成果被新华网、《科技日报》、《中国日报(海外版)》等多家媒体报道。此外,研究组提出了利用化学活化这一易于放大的技术处理纳米碳材料,例如石墨烯和富勒烯,实现了几类新型三维碳材料的可控制备,作为电化学储能活性材料和高性能传感等应用体现出优异性能(*Science*,2011(332):1537;*ACS Nano.*,2012(6):5404;*Adv. Energy Mater.*,2015(5):1401377;*Small*,2016(12):2376;*Adv. Mater.*,2016(28):5222;*Adv. Mater.*,2017(29):1603414;*Adv. Mater.*,2018(30):1801384;*Adv. Mater.*,2018,30(48):1802104;*Energy Storage Materials*,2018(10):282;*Adv. Funct. Mater.*,2018,28(40):1803221)。

在过去十年中,低维材料研究团队主持和承担教育部"新世纪优秀人才支持计划"项目 2 项,中国科学院青年创新促进会项目 1 项,国家自然科学基金委员会面上项目 7 项、国际合作与交流项目 1 项和企业横向项目 3 项等科研项目。低维材料研究团队成员以通讯(含共同通讯)作者身份发表 SCI 论文 120 余篇,在各类国际重要学术会议上做邀请报告和大会报告的有 10 余人次。

在国际交流方面,朱彦武教授和季恒星教授作为召集人组织了 2014 年美国材料学会秋季会议石墨烯及复合材料分会。朱彦武教授作为大会主席组织了"第三届石墨烯国际青年论坛"(2015),季恒星教授作为大会主席组织了 2016 年海峡两岸电化学学术研讨会。季恒星教授的低维材料研究团队已培养博士 11 人,硕士 17 人。其中,金松获 2018 年度中国科大优秀博士学位论文奖(导师:季恒星教授)。

四、材料设计与模拟

材料设计与模拟以分子、原子的电子结构层次上的理论计算为基础,结合宏观性能的模型分析,深刻理解材料结构与性能之间的关系,对材料的基本性能进行预测和微观设计,并结合精确的实验控制与制备推动新能源材料的探索、发展和应用;研究材料中的动力学过程以及表面与界面的物理化学过程。研究内容包括:材料的晶体结构计算、电子结构计算、声子振动的计算、磁性的计算,材料的稳定性、宏观性能模型的建立和模拟,表面与界面的物理化学过程,以及它们在能量转换材料如光电、热电,荧光、催化材料设计及储能材料等领域的应用。研究领域覆盖计算材料学、物理学、结构和固体化学、光电子和热电材料以及其他能源材料等。材料设计与模拟研究是材料科学与工程系在过去十年中发展起来的一个新的研究方向，于2010年开始组建，整个团队由武晓君、范洪义（2011年退休）、王路（2018年离职）、郝绿源、张文华、陈俊华等组成。

利用中国科学院能量转换材料重点实验室、化学与材料科学学院、合肥微尺度物质科学国家研究中心以及协同创新中心等平台与资源，材料设计与模拟研究团队建立了自己的高性能计算平台，并瞄准新型功能材料结构预测、材料表面物理化学过程、低维功能材料设计以及量子理论等方面开展研究。近年来，该研究团队围绕低维材料科学研究中的科学问题与挑战，发展结构预测方法预测低维材料结构，设计新型低维功能材料，并结合实验揭示的低维材料中的量子规律展开深入系统的研究；组合应用多尺度和多功能的计算方法，从第一性原理计算、谱学模拟、分子动力学模拟出发，结合微观反应动力学、电化学模拟方法等，确认催化反应活性中心的结构、中间体及化学反应机制，从原子尺度理解多相催化及电催化过程，为催化剂的设计改进提供了理论依据，在材料的设计与模拟领域取得了一系列有重要影响力的研究成果。如武晓君教授课题组发展了基于化学键理论、拓扑结构与全局结构搜索的低维材料结构预测方法，提出了预测低维材料结构的新策略，预言的二维结构包括硼墨烯结构、二维多孔磷结构等（*J. Am. Chem. Soc.*, 2016(138): 7091; *ACS Nano*, 2012(6): 7443），其中二维硼墨烯结构已经由实验证实；聚焦低维材料中电子、自旋、轨道等量子态的耦合与调控，提出低维光电/光催化材料与自旋电子材料的新概念，包括具有高居里温度的磁性半金属低维材料（*Adv. Mater.*, 2017(29): 1702428; *J. Am. Chem. Soc.*, 2017(139): 6290; *J. Am. Chem. Soc.*, 2014(116): 11065; *Nano Lett.*, 2017(17): 2771; *Angew. Chem. Int. Ed.*, 2013(52): 10477）；结合实验提出理论模型，揭示了低维材料体系中的新结构与新机制，包括可以实现可见光全光解水的二维多孔聚合物材料（*Adv. Mater.*, 2015(24): 4837; *ACS Nano*, 2012(6): 4640; *Adv. Mater.*, 2017(29): 1700715; *Angew. Chem. Int. Ed.*, 2014(53): 3205）等。张文华副教授对二维材料负载单双原子催化剂的结构和性能开展了深入的研究（*Nat. Nanotech.*, 2018(13): 411; *Nat. Comm.*, 2016(7): 14036）；通过理论计算确定复杂化学过程的表面物种及反应动力学（*Angew. Chem. Int. Ed.*, 2011(123): 12502; *J. Am. Chem. Soc.*, 2014(136): 14650; *Nat. Commun.*, 2017(8): 14503）等。郝绿源教授长期从事分子光谱方面的工作，应用理论计算研究陶瓷材料的光谱问题。陈俊华副研究员与范洪义教授则从事理论物理方面的研究工作，包括厄米量子理论、量子力学、数学物理等。

在过去十年中，材料设计与模拟研究团队参与科技部国家重点（大）项目3项，国家自然科学基金委员会重点(大)项目1项,主持其他部委科研项目近10项。在国际交流方面,武晓君教授和内布拉斯加大学林肯分校的曾晓成教授等人建立了良好的合作关系;张文华副教授和意大利IPCF的Vencenzo Carravetta研究员以及澳大利亚国立大学的Sean Smith教授开展了合作研究。

在人才培养方面,材料设计与模拟研究团队教师分别承担了本科生"量子化学""固体物理"和研究生"计算材料学""电子密度泛函理论方法与应用""固体材料结构学"以及"原子尺度材料模拟"等课程的教学。武晓君教授2017年获中国化学会"唐敖庆理论化学青年奖"。该方向研究团队培养的研究生获得过多项奖学金,包括研究生国家奖学金(李秀玲、卓之问、郭宏艳)、华为奖学金(孙中体)、朱李月华奖学金(毛可可)、苏州工业园区奖学金(李秀玲)、量子协同创新中心杰出研究生奖(卓之问)等。

五、先进表征方法与技术

先进表征方法与技术研究团队发展高分辨多波段互补的光谱/能谱表征技术,从不同的层面上综合研究不同激发态的不同性质;发展原位近场THz显微术、原位微区高分辨XRD等表征技术,实现从介观尺度上探讨能量转换的物理过程;利用原位TEM高分辨显微技术,实时研究储能、产能材料在能量转换过程中的形貌和微观结构变化以及在表、界面上发生的动力学过程。先进表征方法与技术研究团队主要由陆亚林、高琛、初宝进、向斌、马骋等7人组成。

超导、多铁、巨磁阻等功能材料体系是信息、能源、光电子等国家重大需求领域的坚实基础。这类材料的特征物性如超导带隙、磁电耦合、磁阻、等离激元等与太赫兹波段的材料复光学常数有直接的关联,同时超快太赫兹电磁辐射也能够激发及探测这些材料中的各类元激发,蕴藏着新效应和新机理。利用这些关联,有效地实施先进组合材料技术,将为在这类体系中快速发现新材料提供机会,因而发展与太赫兹波段相关的高通量物性检测技术就成为关键。可是由于受衍射极限的制约,过去对相关手段的研究很少,相关的仪器也很缺乏。针对这一重大需求,陆亚林教授率领的团队提出并设计了一套太赫兹近场高通量材料物性测试系统,系统将通过集成可调谐预聚束太赫兹自由电子激光与宽谱脉冲光源,以及探针和样品双扫描模式等核心技术,来测量在可控温度、磁场、电场等条件下功能材料的复光学常数,揭示与之直接关联的功能材料特征物性，可以进行材料物性精密测量和快速材料筛选，该仪器有望对进一步发现新材料起到十分重要的作用。同时，该团队还设计了一系列太赫兹主动光学元器件。该方向的研究获得了国家自然科学基金委员会重大科研仪器研制项目支持，总经费投入7500万元，目前申请国家发明专利18项，其中2项已获得授权，并发表相关论文（*Advanced Optical Materials*，2018（6）：1800143；*Optics Communications*，2018（426）：443-449；*Proc. Natl. Acad. Sci.*，2018，115（12）：2873-2877）。

一般而言，材料的物性与其结构密切相关。因此，掌握材料的微观结构是研究其性能的重要手段。高分辨电子显微镜在探索材料的微观结构及其器件机理等关键科学问题研究中扮演着极为重要的角色。利用高分辨电镜技术，我们可以研究材料的界面光滑度、缺陷密度，并在原子尺度下研究其微结构，结合空间原子模型，从而实现对原子结构的一个全面完整的认识。随着材料研究的纳米化，准确掌握由外场作用导致的材料在亚纳米或原子尺度上的结构变化越来越成为认知宏观材料和纳米材料特性的根本。在这个过程中，人们越来越倾向于在动态的环境中去研究材料的物性与其结构的关系，因为这样的表征手段给我们提供的是最直观、最真实的实验数据。在非原位表征系统中无法研究的材料中间态、亚稳态等，在原位表征系统中都将展现得一览无遗。可以预言，原位表征手段将会越来越受到重视，因为它为解决材料科学研究中的关键科学问题提供了一个独特的、不可替代的表征平台。利用高分辨率电镜原位表征手段，将获得直接观察、研究材料结构对外场作用的动态反应的能力。这一独特的表征手段，可以填补各种现有材料特性研究方法中的空白。高分辨率电镜原位表征在现代材料科学研究中将起到不可替代的重要作用，正在成为纳米材料、新能源材料、纳米催化剂以及其他众多材料研究领域的创新工具，是突破亚微米尺度乃至纳米尺度，探寻材料结构、成分和性能变化的原子根源的最有力的现代化高技术手段。

先进表征方法与技术研究团队充分利用自身积累的搭建原位电镜表征系统的丰富经验，自主设计、开发出一套多功能原位电镜样品表征测试系统。它将集成原位激光表征、原位加热、原位电学测试为一体，在电镜中实现在激光辐照的条件下研究材料结构的相变过程。同时它利用电学表征系统，实时监控其电导率在结构相变过程中的动态演化过程。这套多功能原位电镜表征系统为寻找微观结构与物性间的关联、建立结构与性质之间的映射图像提供了一个独特的表征平台。这将极大地拓展和深化人们对功能材料的认识，对其物性的调控和应用有着重要意义（*Nano Lett.*，2012（12）：2524；*Nature Nanotech.*，2011（6）：98）。

在过去十年中，先进表征方法与技术研究团队主持和承担了科技部国家重大科学研究计划项目 2 项、国家重点研发计划项目 1 项,国家自然科学基金委员会重点(大)项目 2 项、面上项目 4 项,中国科学院知识创新工程重要方向项目 1 项、重点部署项目 1 项、创新团队国际合作伙伴计划项目 1 项。该团队成员以通讯(含共同通讯)作者身份发表了 SCI 论文 150 余篇,在各类国际重要学术会议上做邀请报告和大会报告的有 30 余人次。该团队培养的研究生获得各种奖励 4 项。

第五章
化学系
(19系)

第五章 化学系(19系)

1996年,在化学与材料科学学院成立之际,应刘有成先生建议成立了化学系,由当时应用化学系的无机和分析化学专业以及化学物理系的有机化学专业构成,后又增设应用化学专业,并新设化学生物学专业,形成目前化学系的主要学科方向。化学系首任系主任是当时刚从中国科学院长春应用化学研究所调入中国科大工作的林祥钦研究员,郭庆祥教授为第二任系主任,现在的系主任是中国科学院福建物质结构研究所的洪茂春院士。2005—2014年,王中夏担任执行系主任,顾洪举担任系党总支书记。2015年,邓兆祥担任执行系主任,虞正亮担任系党总支书记。化学一级学科为国家重点学科,具有硕士和博士学位授予权,设有博士后流动站。

化学系现有教职员工95人,包括教授33人,外籍教授1人,特任教授7人,特任研究员2人,副教授25人,副研究员1人,特任副研究员19人,实验员6人,职员1人。在职教授中有中国科学院院士2人(钱逸泰、谢毅),教育部"长江学者奖励计划"特聘教授5人(谢毅、俞书宏、龚流柱、俞汉青、徐铜文),国家杰出青年科学基金获得者12人(谢毅、王官武、龚流柱、俞书宏、崔华、俞汉青、徐铜文、傅尧、邓兆祥、江海龙、梁高林、熊宇杰),国家优秀青年科学基金获得者10人(黄汉民、穆扬、吴长征、盛国平、王细胜、吴亮、吴宇恩、顾振华、刘贤伟、马明明),教育部"长江学者奖励计划"青年学者4人。诺贝尔化学奖获得者J. M. Lehn教授和美国化学会前主席R. Breslow教授担任名誉教授,17名国内著名学者担任兼职或客座教授。

中国科大化学系已成为国内著名、国际知名的化学科研基地和高级人才培养基地。化学系本科设无机化学、有机化学、分析化学、应用化学和化学生物学专业,学制4年。培养的学生具有坚实的数理化基础、前沿的专业理论知识和化学实验技能。化学系承担无机化学(含化学原理)、有机化学、分析化学等重要基础课程以及多门专业课程的教学。三大化学(无机、有机、分析)基础课程均为省级精品课程。有机化学方向在博士生培养中引入CUM考试(Cumulative Exams)并取得了良好的效果,分析化学以团队模式开设多门本科和研究生课程,无机化学方向的结晶化学和固体化学为具有特色的化学课程,化学生物学允许学生跨院选课,体现了化学系在课程建设和人才培养方面的特色。

目前化学系有在校博士生288人(其中留学生27人),硕士生364人,本科生220人。

化学系的主要科研方向有无机合成化学、纳米化学、能源化学、生物无机化学、配位和金属有机化学、超分子化学、物理有机化学、生物有机化学、有机合成化学、材料有机化学、纳米分析化学、生命分析化学、环境分析化学、水污染控制理论和技术、膜技术及其应用等。

一、无机化学

无机化学在无机固体化学、无机能源化学、配位与仿生领域的基础研究方面取得了令人瞩目的成果。有关无机固体化学、能源化学以及无机配位与仿生化学等研究方向的课题组同时也是合肥微尺度物质科学国家研究中心纳米材料与化学研究部、教育部能源材料化学协同创新中心、苏州纳米科技协同创新中心、中国科学院纳米科学卓越创新中心的组成部分。目前主要研究工作集中在低维固体电子结构和声子结构调控机制、无机高能量密度化学能源关键材料以及无机材料的配位结构、仿生合成、组装及功能化等方面,以新材料的研究探索为重点,努力推动无机化学与材料科学、凝聚态物理和生命科学等交叉领域的发展。

无机化学专业拥有一支优秀的教师队伍。钱逸泰院士获 2015 年何梁何利基金科学与技术进步奖。谢毅教授 2013 年当选为中国科学院院士,2015 年当选为发展中国家科学院院士及亚太材料科学院院士,担任中国科大化学与材料科学学院学术委员会主任。这十年间,谢毅院士获全国创新争先奖章(首届,2017)、何梁何利基金科学与技术进步奖(2017)等重要国内奖励。在国际上,谢毅院士于 2013 年获国际理论与应用化学联合会(IUPAC)化学化工杰出女性奖(首位华人获奖者),2014 年获发展中国家科学院(TWAS)化学奖,2015 年被联合国教科文组织授予世界杰出女科学家成就奖,2017 年获施普林格-清华大学出版社纳米研究奖。俞书宏教授先后于 2010 年和 2016 年获两项国家自然科学奖二等奖,2014 年获中国科大杰出研究校长奖。在国际上,俞书宏教授于 2010 年获国际溶剂热水热联合会 Roy-Somiya 奖章和英国皇家化学会"《化学会评论》新科学家奖",于 2013 年入选英国皇家化学会会士。熊宇杰教授获首届中国青年科技工作者协会"最美青年科技工作者"称号(2015)、美国华人化学与化学生物学教授协会杰出教授奖(2015)、香港"求是杰出青年学者奖"(2014)、首届中国化学会纳米化学新锐奖(2014)、中国化学会青年化学奖(2013)。2017 年,熊宇杰教授、江海龙教授获国家杰出青年科学基金资助。吴长征教授、熊宇杰教授入选英国皇家化学会会士(RSC Fellow)。吴长征教授获国家优秀青年科学基金资助(2012)和中国科学院卢嘉锡青年人才奖(2012),入选教育部"长江学者奖励计划"(2015),获中国化学会青年化学奖(2014)等。2012 年 12 月李亚栋院士领导的纳米催化研究中心院士工作室正式成立,加盟无机化学专业。吴宇恩教授获国家优秀青年科学基金资助,2017 年获国家重点研发计划纳米专项青年项目资助并任首席科学家。张晓东、洪勋入选中国化学会"青年人才托举工程"。

无机化学方向教学队伍承担化学与材料科学学院"化学原理 A"的教学，以及全校其他学院普通化学的教学任务，同时承担"配位化学""固体化学原理""结晶化学""高等无机化学"等专业基础课的教学任务。钱逸泰院士编著的教材《结晶化学导论》被评为 2009 年教育部精品教材。无机化学专业张祖德教授、朱永春副教授承担 2015 年第 29 届全国高中学生化学竞赛的培训、阅卷和答疑工作，以及 2016 年第 48 届国际化学奥林匹克中国代表队的选拔和四位参赛选手的培训工作等。

这十年间无机化学专业在科研方面取得突出进展。钱逸泰院士长期从事无机固体化学研究，于 2011—2014 年主持国家自然科学基金委员会重大研究计划重点支持项目"新型多元层状化合物的设计合成和电学性质研究"，于 2016 年和 2017 年分别作为核心骨干参加科技部国家重大科学研究计划"高安全、长寿命和低成本钠基储能电池的基础科学问题研究"及"新型纳米结构的高能量长寿命锂/钠复合空气电池"项目。近十年来，他在纳米固体化学合成，特别是基于高性能电池电极材料的设计与制备领域取得了创新性成果：① 发展了多种无机纳米材料的化学合成方法，对纳米结构的可控生长机理进行了研究，深化了对无机纳米结构与性能关联性的认识，相关成果"无机纳米结构制备的方法学、可控生长机理及性能研究"获 2011 年教育部自然科学奖一等奖，"γ 射线辐照法制备纳米材料"获 2010 年安徽省自然科学奖二等奖。② 建立低温熔盐法等制备纳米硅等电极材料的简单技术，此技术被 *Nature Materials* 作为亮点研究进行了报道。他创建和领导的研究团队在国际无机材料化学领域中产生了重要影响。钱逸泰院士已发表论文包括 *Science* 2 篇，化学与材料顶级三大刊 *J. Am. Chem. Soc.*，*Angew. Chem. Int. Ed.* 和 *Adv. Mater.* 共 16 篇，SCI 论文 1000 余篇，被他引 30000 余次，个人 H 因子 88。

谢毅院士长期从事无机固体化学研究，2007—2010 年一直主持国家自然科学基金委员会优秀创新群体"无机合成与纳米化学"项目，2009—2013 年为科技部国家重大科学研究计划"节能领域纳米材料机敏特性的关键科学问题研究"项目首席科学家。在纳米固体化学领域，特别是基于电、声调制的无机功能固体设计与合成这一重要前沿交叉领域取得了系列创新性成果：① 建立和发展了特征结构导向构筑无机功能固体材料的方法学，从而建立起清晰的原子/分子层次的物理化学模型，使复杂结构功能固体的组装机制变得清晰、易于放大，相关成果获国家自然科学奖二等奖（特征结构导向构筑无机纳米功能材料，完成人：谢毅、吴长征、熊宇杰）。② 提出利用无机固体中丰富的相变行为及半导体二维超薄结构等新思路来实现电、声输运的同步调制，获得了高效热电材料，发展了系列高效热电转换新体系。相关工作被 *Nature Materials* 特征论文列为中国热电研究领域重要进展之一。③ 发展了无机二维固体化学和合成二维超薄结构的普适方法，丰富了二维固体材料体系，解决了其精细结构和缺陷结构表征上的诸多困难。相关成果两次入选"中国科学院重大科技基础设施重大成果"。④ 揭示了系列半导体二维超薄结构的精细结构、特殊电子态与热电、光/电催化基本性能之间的调控规律。其中在能量转换领域有潜在应用的非常规超薄半导体的基础研究方面取得突破性进展，如"基于杂化超薄结构的电催化剂实现二氧化碳高效清洁转化为碳氢燃料"入选2016年"中国科学十大进展"。谢毅教授已在 *Nature* 及其子刊上发表论文8篇，在 *Science* 上发表论文1篇，在化学与材料顶级三大刊 *J. Am. Chem. Soc.*，*Angew. Chem. Int. Ed.* 和 *Adv. Mater.* 上共发表论文66篇，共计发表SCI论文330余篇，被SCI引用超过20000次，个人H因子83。她连续多年入选Elsevier中国高被引学者榜单，入选2017年全球高被引科学家名单。她的相关工作在国际上产生了重要影响，如 *Nature* 编辑部邀请全球9位科学领引者撰写2015年新年展望，谢毅是其中唯一的一位化学家。

俞书宏教授长期从事无机材料的仿生合成与功能化研究，在聚合物和有机小分子模板对纳米结构单元的尺寸和维度及取向生长的调控规律、仿生多尺度复杂结构材料的合成及构效关系研究方面取得多项创新成果。近年来，他在面向应用的重要纳米结构单元的宏量制备、宏观尺度纳米组装体的制备与功能化、新型纳米材料的合成设计及能源转换材料等方面的研究取得了重要进展。他获得2010年和2016年国家自然科学奖二等奖2项（均为第一完成人）及2018年安徽省重大科技成就奖。他已在 *Science*，*Nature Materials*，*Nature Nanotechnology*，*Science Adv.*，*Nat. Commun.*，*Chem. Rev.*，*Acc. Chem. Res.*，*Chem. Soc. Rev.*，*Angew. Chem. Int. Ed.*，*J. Am. Chem. Soc.*，*Adv. Mater.* 等国际重要学术期刊上发表通讯或第一作者论文450余篇，影响因子IF＞10的SCI论文有160篇，相关工作曾多次被 *Nature*（3次）、*Science*（2次）、*Chemical & Engineering News*（2次）等选为研究亮点，已获授权的国家发明专利有50项，被SCI引用47600余次，个人H因子122，2014—2018年连续五年入选全球高被引科学家名录。他曾担任科技部国家重大科学研究计划项目"仿生轻质高强纳米复合结构材料的可控制备与性能研究"首席科学家（2010—2014），现主持国家自然科学基金委员会创新研究群体"纳米材料的制备与能源转换性能"项目和国家自然科学基金委员会重点项目等。

熊宇杰教授于2014—2016年连续三年入选Elsevier中国高被引学者（化学）榜单，他从2011年入职中国科大以来在 *J. Am. Chem. Soc.* 上发表论文5篇，在 *Adv. Mater.* 上发表论文9篇，在 *Angew. Chem. Int. Ed.* 上发表论文9篇，在 *Chem. Soc. Rev.* 上发表论文3篇，申请了中国专利7项。吴长征教授入选英国皇家化学会"Top 1%高被引中国作者"榜单，他从2009年入职中国科大以来在 *Nat. Commun.* 上发表论文 5 篇,在 *J. Am. Chem. Soc.* 上发表论文 10 篇,在 *Adv. Mater.* 上发表论文 13 篇,在 *Angew. Chem. Int. Ed.* 上发表论文 11 篇,在 *Phys. Rev. Lett.* 上发表论文 1 篇,在 *Chem. Soc. Rev.* 上发表论文 3 篇等。江海龙教授入选汤森路透(现为科睿唯安)全球高被引科学家(2017)。

这十年来,无机化学专业培养了国家优秀青年科学基金获得者吴长征、吴宇恩等。钱逸泰院士已经培养了 100 多名博士研究生,8 人获国家杰出青年科学基金资助,6 人被评为"长江学者",2 人获得国家优秀青年科学基金资助,1 人被评为"泰山学者"。谢毅院士已经培养了 40 名博士研究生,其中包括国家杰出青年科学基金获得者,国家优秀青年科学基金获得者等一批青年人才。由于在教学和人才培养方面的突出贡献,谢毅曾十多次获得中国科学院优秀导师奖、中国科学院朱李月华优秀教师奖。熊宇杰获中国科学院朱李月华优秀教师奖(2016)、中国科学院优秀导师奖(2014—2016),他培养的 1 名博士后入选欧莱雅-联合国教科文组织"世界最具潜力女科学家计划"和"中国未来女科学家计划"(龙冉,2016)。吴长征教授培养的本科生有 4 人次获得郭沫若奖学金(冯骏、邓海韬、陈皿、周媛)。俞书宏教授于 2013 年获得全国百篇优秀博士学位论文指导教师称号(梁海伟博士的论文入选全国百篇优秀博士学位论文)。

无机化学学科同时依托于合肥微尺度物质科学国家研究中心纳米材料与化学研究部、教育部能源材料化学协同创新中心、苏州纳米科技协同创新中心和中国科学院纳米科学卓越创新中心等研究平台。谢毅教授为教育部能源材料化学协同创新中心太阳能利用与转化分平台首席科学家,熊宇杰、吴长征等为教育部能源材料化学协同创新中心成员。俞书宏教授任苏州纳米科技协同创新中心"纳米环保材料中心"主任。谢毅教授为中国科学院纳米科学卓越创新中心核心骨干成员、纳米能源负责人。俞书宏教授为中国科学院纳米科学卓越创新中心核心骨干成员、纳米基元的可控多级次组装负责人,同时为合肥微尺度物质科学国家研究中心纳米材料与化学研究部主任。吴长征教授为中国科学院纳米科学卓越创新中心特聘骨干成员。

钱逸泰院士曾担任中国化学会副理事长,入选英国皇家化学会会士。谢毅教授曾任 *Inorganic Chemistry Frontier* 副主编,现任 *Science China Chemistry* 副主编,同时担任 *Angew. Chem. Int. Ed.*,*J. Am. Chem. Soc.* 等杂志的国际咨询编委。俞书宏教授担任国际水热-溶解热联合会执行理事、中国化学会无机化学学科委员会副主任、中国化学会纳米化学专业委员会副主任、安徽省化学会理事长、*Langmuir* 副主编、*Science China Materials* 副主编及 *Accounts of Chemical Research*,*Chemistry of Materials*,*Chemical Science*,*Materials Horizons*,*Nano Research* 等国际期刊的编委或顾问编委,曾任 *CrystEngComm* 副主编及 *Adv. Mater.*,*Adv. Funct. Mater.*,*Small*,

J. Mater. Chem. C 等期刊的客座编辑。吴长征教授担任 *Applied Nanoscience* 副主编、《中国科学:化学》编辑,他还应邀为英国皇家化学会出版社主编二维纳米材料图书 *Inorganic Two-dimensional Nanomaterials:Fundamental Understanding,Characterizations and Energy Applications*。熊宇杰教授为 Springer 出版社编辑出版 *Metallic Nanostructures:From Controlled Synthesis to Applications* 一书。俞书宏教授还担任中德合作小组组长,引进了德国马普学会胶体与界面研究所所长 Markus Antonietti 为中国科学院国际杰出访问学者(Distinguished Scientists)。

二、有机化学

1994 年,刘有成院士和郭庆祥教授的调入极大地推动了中国科大有机化学学科的发展。有机化学学科近十年来着力做好人才引进和团队建设工作,在教学与科研、人才培养、学术交流等方面取得了长足的进步。在原有队伍的基础上,2011 年从美国 Scripps 研究所引进王细胜教授;2012 年从新加坡南洋理工大学引进罗德平教授,从美国加州大学圣芭芭拉分校引进顾振华教授,从德国海德堡大学-巴斯夫公司引进康彦彪特任研究员;2014 年从美国麻省理工学院 Koch 癌症研究所引进马明明教授;2015 年从新加坡南洋理工大学引进汪义丰教授;2016 年引进中国科学院兰州化学物理研究所羰基合成与选择氧化国家重点实验室常务副主任黄汉民教授;2017 年从美国普渡大学引进王川教授;2018 年从美国加州大学伯克利分校引进张清伟特任研究员,从日本东京大学引进尚睿特任研究员。

目前中国科大有机化学学科拥有一支年富力强的研究队伍,现有教授 18 人(含双聘教授 1 人),副教授 9 人,包括教育部"长江学者奖励计划"特聘教授 1 人(龚流柱),国家杰出青年科学基金获得者 3 人(王官武、龚流柱、傅尧),国家优秀青年科学基金获得者 4 人(黄汉民、王细胜、顾振华、马明明),教育部"新世纪百千万人才工程"入选者 2 人(王官武、龚流柱),科技部"中青年科技创新领军人才"3 人(龚流注、傅尧、黄汉民),香港"求是杰出青年学者"1 人(马明明)。中国科大有机化学学科还有 6 名兼职教授,分别是中国科学院上海有机化学研究所的丁奎岭院士、唐勇院士、马大为研究员、俞彪研究员、赵刚研究员和李超忠研究员,均为国家杰出青年科学基金获得者。目前中国科大有机化学学科的教师不仅大多数具有博士学位,而且大都在国外的大学学习或工作过,具有丰富的教学和科研经验。

在团队建设方面,由郭庆祥教授作为负责人,承担了教育部的"211"工程三期重点学科建设项目"绿色化学与生物相关化学"(2008—2011)。由龚流柱教授作为负责人,以"有机合成化学-有机分子中非活泼化学键的官能化"(2012—2014)为研究课题,获得了教育部"创新团队发展计划"资助。有机化学专业的多名教授(王官武、龚流柱、汪志勇、罗德平、傅尧)是合肥微尺度物质科学国家研究中心的骨干成员,同时龚流柱教授还是该中心低维物理与化学研究部主任。

中国科大有机化学教师团队承担了全校有机化学基础课和专业课的教学任务,在课程与教学改革、教材与参考书的编写方面做出了很大的努力。在全院率先开设了有机化学双语课程,授课采用 John McMurry 编写的 *Organic Chemistry* 英文教材,该教材是哈佛大学等国际一流大学的通用教材。汪志勇教授最先使用英文备课并讲解,不仅提高了同学们的化学专业英语水平,还提高了同学们的听力和英语应用能力,为英才班教学以及本科生国际化交流和培养做出了贡献,同时带动了其他学科的国际化教育。有机化学的教学工作还获得了教育部精品课程及各种奖项。汪志勇教授获 2010 年"绿色化学导向的有机化学实验课程建设"校级教学奖一等奖和省级二等奖,获 2013 年"化学与日常生活中的安全"教育部精品视频公开课、2013 年"研究型大学有机化学系列课程绿色创新实验平台建设"省级一等奖。汪志勇教授还获得 2009 年中国科大平凡基金-教育奖、2014 年省级教学名师称号、2015 年中国科大校友基金会优秀教学奖。2010 年王中夏教授、汪志勇教授、郑小琦副教授等以"研究生创新能力开拓与培养-化学科研训练课程改革与设计"课题获安徽省教学成果奖二等奖。郑小琦副教授从 2009 年起至今每年都参加化学奥林匹克竞赛有机实验教学,从 2011 年起担任中国科大本科教学督导,2015 年以"引领创新型实验教学模式,带动大面积学生的跨学科实验教学督导和实践"课题荣获安徽省教学成果奖一等奖。许毓副教授获得 2014 年度中国科大校友基金会优秀教学奖、2014 年中国科大第三届青年教师教学基本功竞赛二等奖。许毓副教授承担了安徽省高等学校省级教学研究项目"有机结构分析"课堂教学的创新性改革以及校级课程建设项目"有机化学 A(上)"大规模在线开放课程(MOOC)建设。王中夏教授、罗时玮副教授、许毓副教授等在 2015—2017 年还多次参与奥林匹克竞赛有机化学辅导。

在教材、参考书、工具书等方面,汪志勇教授主编的《实用有机化学高级教程》已在 2016 年由高等教育出版社出版,龚流柱教授、汪志勇教授、王中夏教授等还参与编写了 2009 年出版的《1000 个科学难题》。王中夏教授、罗时玮副教授等参与编写了 2011 年由中国科大出版社出版的《综合化学》。王官武教授为 *Kirk-Othmer Encyclopedia of Chemical Technology*, *Science of Synthesis:Catalytic Transformations via C-H Activation 2* 及 *Encyclopedia of Physical Organic Chemistry* 等专著撰写了章节。龚流柱教授为 *Science of Synthesis*, *Asymmetric Organocatalysis*, *Catalytic*

Cascade Reactions, *Cooperative Catalysis: Designing Efficient Catalysts for Synthesis*, *Multicomponent Reactions in Organic Synthesis* 等专著撰写了章节。汪志勇教授为 *Advances in Materials Science Research*, *Metal-Organic Coordination Polymer*, *Structure and Property*, *Copper-Mediated Cross-Coupling Reactions* 撰写了部分章节。王中夏教授为 *Sustainable Catalysis with Non-endangered Metals*, *Homogeneous Catalysis for Unreactive Bond Activation* 等专著撰写了章节。

有机化学学科在研究生招生和培养的过程中,着重过程管理和出口管理。例如,有机化学学科率先并坚持在硕士研究生复试阶段增加实验操作和专业英语翻译环节,考察研究生的实验动手操作能力和英语水平,为选拔动手能力强、综合素质高的研究生起到了重要的作用。在博士生培养阶段,本学科在全院率先实施每年4次累计CUM考试和2次博士预答辩制度。有机化学学科CUM考试从2012年开始实施,是有机化学学科博士生的必修课程,CUM考试的内容来自最近三个月发表在 *J. Am. Chem. Soc.*, *Angew. Chem. Int. Ed.*, *Org. Lett.*, *J. Org. Chem.* 等期刊上的学术论文。这对促进博士生阅读最新文献、了解科学前沿、拓展知识面、提高基础理论知识起到了积极的推动作用。为保证CUM考试的质量,每次至少有1/3的考生不能通过考试。本学科要求所有博士生至少要通过4次CUM考试,获得相应的4个学分,才能申请博士答辩。有机化学学科还组织了由5名左右博士生导师组成的预答辩委员会(导师不能是委员会成员),对拟半年后正式答辩的博士生进行预答辩,答辩时主要考察工作期间(转博5—6年,考博3—4年)的总体工作量、论文发表以及待完成工作或论文写作等情况,进行无记名投票,超过多票数才能通过预答辩。这些举措保证了有机化学学科博士生的培养质量。

有机化学学科非常重视学术交流与合作,在这十年间,成功举办了一系列国际会议、大型全国和区域性会议。例如,2010年10月19—20日,由中国科大主办"第六届中澳双边有机化学研讨会",会议主席是中国科大龚流柱教授和北京大学王剑波教授;2014年7月28—31日,由中国科大和中国科学院上海有机化学研究所及爱尔兰都柏林大学共同主办"第四届中国-爱尔兰合成化学双边会议";2015年6月6—7日,由英国皇家化学会(Royal Society of Chemistry)和中国科大共同主办"机械化学国际学术研讨会",王官武教授担任主席,英国贝尔法斯特女王大学Stuart James教授担任大会共同主席;2016年10月7—10日,在中国科大举办"第七届国际均相催化论坛",会议主席是麻生明和唐勇院士,龚流柱和游书力教授担任会议秘书;2012年11月2—4日,由中国科大和安徽大学共同承办"第十届江淮有机化学论坛",会议主席是郭庆祥教授、朱仕正研究员,组委会主席是王官武教授、朱满洲教授;2013年9月12—14日,由中国化学会主办、中国科大承办"第十届全国物理有机化学学术会议",

会议组委会主席是郭庆祥教授,执行主席是王官武教授、傅尧教授;2014年9月28日—10月1日,由中国化学会和国家自然科学基金委员会共同主办、中国科大承办"手性中国2014学术研讨会",组委会主席是龚流柱教授;2016年12月2—4日,由国家自然科学基金委员会主办、中国科大承办第四届有机化学高级研讨班,会议主席是龚流柱教授,组织秘书是黄汉民教授。

中国科大有机化学学科的科研方向几乎涵盖了有机化学所有三级学科,在有机不对称合成、理论与计算有机化学、绿色有机合成、金属有机化学、材料有机化学等方向具有优势和特色,取得了一系列创新性研究成果。有机化学学科目前承担和参与了科技部国家重大科学研究计划项目、"973"项目,中国科学院创新工程重点项目,国家自然科学基金委员会重点项目和面上项目等科研任务。

(一) 不对称有机合成

不对称有机合成是中国科大的优势研究领域,主要研究各类不对称催化合成,包括金属催化和有机小分子催化合成等。龚流柱教授团队在不对称有机小分子催化、金属/有机小分子联合不对称催化、天然产物的不对称合成等领域取得了突出的研究成果。自2009年迄今仅在化学类顶级期刊 *J. Am. Chem. Soc.* 和 *Angew. Chem. Int. Ed.* 上就发表了系列高水平论文28篇,并在 *Acc. Chem. Res.* 上两次对该方向的研究成果进行综述。龚流柱教授在2014—2017年连续四年入选Elsevier中国高被引学者榜单,2015年入选汤森路透集团公布的化学领域全球高被引科学家名单,因其在不对称合成中的突出贡献,2009年获中国化学会-巴斯夫公司青年知识创新奖和中国科学院-拜耳青年科学家奖,2012年获中国化学会青年手性化学奖。他作为第一完成人还获得了2012年安徽省科学技术奖一等奖和2013年国家自然科学奖二等奖。龚流柱教授承担了"手性有机小分子催化反应研究"和"生物活性分子导向的手性氮杂环骨架的立体选择性合成"2项国家自然科学基金委员会重点项目,培养了很多优秀人才,被评为2010年度全国百篇优秀博士学位论文奖指导教师,获中国科学院宝洁优秀研究生导师奖,指导的学生先后有8人获得中国科学院院长奖优秀奖(陶忠林、汪普生、陈殿峰、吴华、郭昌、任磊、俞杰、韩志勇),3人获得香港"求是"研究生奖学金(任磊、郭昌、韩志勇),10人获得研究生国家奖学金(孟婧、蒋华杰、赵峰、林华辰、张东阳、汪普生、刘槟、陶忠林、任磊、陈殿峰)。田仕凯教授团队利用钯和酸断裂碳-氮键,实现了多种亲核试剂对手性一级烷基胺的立体专一性取代反应,具有手性原料易得、原子经济性高、底物范围广等优点,部分成果发表在 *Angew. Chem. Int. Ed.* 和 *J. Am. Chem. Soc.* 等期刊上。田仕凯教授培养的优秀人才中,有1人获得中国科学院院长奖优秀奖(刘从容),1人获得香港"求是"研究生奖学金(董德俊),2人获得研究生国家奖学金(李漫波、杨付来)。罗德平教授团队对铜金属催化不对称硅基化反应进行了系列的研究。在甲醇溶液里,利用价格相对低廉、毒副作用较小的金属铜做催化剂,通过简单的1,6-硅基共轭加成和质子化反应制备功能化联烯基硅产物,并且通过使用手性双噁唑啉配体与铜金属结合的方法完成,手性联烯基硅类化合物的合成相应的研究结果发表在 *J. Am. Chem. Soc.* 上。

(二) 理论与计算有机化学

理论与计算有机化学是我校的特色研究领域,主要从事有机化学理论创新、机理阐释和实验指导,在深刻理解有机化学反应机理的基础上,指导高效、绿色有机新反应开发。在有机化学家、化学教育家刘有成院士的带领下,从事该领域探索的研究队伍不断建设壮大,并取得了丰硕的研究成果。

郭庆祥、傅尧教授和我校兼职教授刘磊在理论与计算有机化学领域苦耕不辍,围绕若干有机化合物的结构性质关系及反应规律性开展了系统性的研究,发展与完善了均等化学势相变的熵焓互补理论,提出了有机溶剂团簇模型、电子转移反应自由能循环公式等物理有机化学理论,并将这些理论方法用于阐明 C—C、碳—杂、碳—金属键相互转化的反应机制及选择性规律,在此基础上设计并发现了脱羧偶联、自由基控制 C—H 选择性官能团化等一系列新反应,为我国有机化学的发展做出了重要的贡献,获 2017 年国家自然科学奖二等奖。

傅尧教授课题组长期从事理论计算化学和绿色化学领域的研究。2009 年以来,课题组发表学术论文 280 余篇,包括国际顶级刊物 *Science* 1 篇,化学领域国际顶级刊物 *Nat. Commun.* 4 篇,*J. Am. Chem. Soc.* 12 篇,*Angew. Chem. Int. Ed.* 6 篇;获授权中国发明专利 44 项,美国专利 1 项,欧盟专利 1 项。研究论文多次被顶级学术刊物 *Nature*、*Science* 等正面引用,被美国化学会新闻周刊 *Chemical & Engineering News* 和英国皇家化学会 *Chemistry World* 作为亮点报道。全部研究论文他人引用 12000 余次,H 因子 59,12 篇入选 ESI Top 1% 高被引论文,30 篇他引次数超过 100 次。理实交融、特色鲜明的研究风格得到了国内外同行的认可,产生了广泛的学术影响。傅尧教授获闵恩泽能源化工奖杰出贡献奖、中国化学会青年化学奖、中国化学会物理有机化学青年奖、亚洲核心计划报告奖、教育部霍英东教育基金会青年教师奖一等奖、中国科学院卢嘉锡青年人才奖等多项国内外学术奖励。目前,傅尧教授受邀担任国际绿色化学领域著名刊物 *ChemSusChem* 顾问编委,《中国化学》《化学学报》《有机化学》等期刊编委,中国化学会物理有机化学、绿色化学专业委员会委员,亚洲-大洋洲绿色可持续化学学会学术委员会委员。

傅尧教授课题组承担了多项重要国家级科研项目,包括科技部首批可再生能源专项重点研发计划项目1项、"973"计划项目1项,中国科学院战略先导科技专项A类、STS项目各1项,国家自然科学基金委员会合成化学重点项目、国际合作重点项目各1项。傅尧教授2013年获国家杰出青年科学基金资助,2017年入选科技部"中青年科技创新领军人才",目前受聘为教育部"长江学者奖励计划"特聘教授。

此外,傅尧教授课题组关注人才培养,因材施教,指导的学生在物理有机化学、绿色有机化学研究方向取得了优异的成绩。博士毕业生进入东京大学等国际知名大学和中国石油大学、合肥工业大学、南京农业大学、南京林业大学等国内重点高校任教。课题组为国家培养了许多优秀青年人才,积极推动了相关学科的健康发展。

(三) 绿色有机合成

绿色有机合成是中国科大的优势和特色研究领域,在无溶剂有机反应、水相有机反应、惰性C—H键活化反应、过渡金属催化"高原子经济性"反应等领域取得了有影响力的研究成果。

无溶剂有机反应,即为不使用有害于人和环境的有机溶剂的化学反应,从源头上消除了污染。在已知的无溶剂有机化学反应方法中,采用机械研磨的方法促进无溶剂有机反应的研究相对较少。王官武教授和日本京都大学的Koichi Komatsu教授开发出的高频振荡研磨法于1995年首先用于富勒烯化学,是一种反应时间短、效率高、操作简便的方法。王官武教授于2000年回国后继续开展机械研磨条件下的各种富勒烯反应,后来拓展到非富勒烯即有机小分子的一系列机械化学反应。近年来,国内外无溶剂机械化学反应引起了越来越多的化学家的浓厚兴趣,*Chem. Soc. Rev.* 在2013年出版了一期题为 *Mechanochemistry* 的特刊,王官武教授因在该领域的突出贡献,应邀撰写了 *Mechanochemical Organic Synthesis* 和 *Mechanochemistry of Fullerenes and Related Materials* 两篇综述文章,应邀在2011年8月18—19日在英国Belfast举行的第二届机械化学和无溶剂合成研讨会及2017年9月3—7日在斯洛伐克的柯希策举行的第九届机械化学和机械冶金国际会议上做大会邀请报告,并受英国皇家化学会委托在中国科大举办"机械化学国际学术研讨会"。

使用水作为有机反应的溶剂介质能够有效避免有机溶剂带来的排放污染,同时能够极大地降低有机合成过程中的原料成本。汪志勇教授课题组长期致力于水相有机合成的研究,在国内外率先开展了水相电化学有机合成、水相纳米金属催化有机合成和水相不对称有机合成方面的工作,特别是在水相不对称Henry反应方面发展了一些非常有效的合成方法，并可用于一些药物和功能材料的制备过程，如中国科学院上海有机化学研究所采用该方法高效实现了流感病毒 A 和 B 的药物拉尼米韦的人工合成。傅尧教授课题组针对天然生物质中木质纤维素组分的化学催化转化利用，利用水作为溶剂，成功地实现了生物质原料的解聚和糖类、木质素类原料至液体燃料分子、高附加值功能分子的定向转化，相关工作在 *Angew. Chem. Int. Ed.* 上发表了重要论文 2 篇。傅尧教授课题组开发的磁性固体酸催化剂，在完成水相体系中多糖类化合物解聚的同时实现了磁性吸附回收，解决了催化剂回收再利用的问题，相关工作发表在 *Energy Environ. Sci.* 上。英国皇家化学会 *Chemical World* 杂志以 *Cellulose Catalyst Rewrites Rules of Attraction* 为题专题介绍了该项研究成果。美国加州大学伯克利分校的 Binder 教授认为这种新型磁性固体酸催化剂具有"出色的分离效果和较高的稳定性，在纤维素的非均相催化降解领域做出了令人鼓舞的贡献"。傅尧教授因而受邀为绿色化学专业期刊 *Green Chemistry* 撰写综述 2 篇。基于上述成果，秸秆制备生物基呋喃聚酯材料单体技术成功实现了成果转化，为秸秆转化利用提供了新的有效途径，避免了传统的秸秆焚烧处理，带来了良好的经济效益和环保效益。

近年来，钯催化的偶联反应已经发展成为一种合成天然产物和药物分子的重要方法。与此同时，通过 C—H 键活化成功实现了 C—C 键、C—N 键、C—O 键以及 C—X（X = Cl, Br, I）键等的形成，大大缩短了以往的合成步骤，同时提高了 C—H 活化反应的区域选择性。罗德平教授课题组在烯烃 C—H 键活化以及官能团化反应研究领域取得了突出的研究成果。首先，课题组对缺电子烯烃间的氧化交叉偶联反应进行了研究，通过设计利用反应物中拉电子基团与催化剂金属原子的弱配位作用来活化烯烃 C—H 键，通过高活性催化剂对相似缺电子烯烃的区分能力完成交叉偶联反应，顺利地实现了钌催化下各种缺电子烯烃的氧化交叉偶联反应并生成二烯烃产物，这一研究成果发表在 *J. Am. Chem. Soc.* 上，并且被选为 *J. Am. Chem. Soc.* 封面文章，国际同行在 *J. Am. Chem. Soc.* Spotlights 上对该工作进行了重点评述。其次，通过 C—H/C—F 键双重活化途径，在铑金属的催化作用下，吲哚或者苯甲酰胺类化合物与 1,1-偕二氟苯乙烯类化合物反应，生成相应的 1,2-双（杂环）芳基取代的单氟烯烃产物，研究成果发表在 *Nat. Commun.* 上。再次，课题组对弱导向基团控制烯烃立体选择性偶联反应进行了研究，发现在氨基酸配体的帮助下，醋酸钯可高效实现高烯丙基醇与丙烯酸酯的氧化交叉偶联反应，并且控制 1,3-双烯产物立体构型以 Z-型为主，研究成果发表在 *Angew. Chem. Int. Ed.* 上。最后，课题组利用铑金属催化剂首次完成分子内烯烃氧化交叉偶联反应，用于制备具有共轭双烯片段的 12 元环到 20 元环的内酯产物，研究成果发表在 *Angew. Chem. Int. Ed.* 上。罗德平教授获

2017 年日本 Yoshida 奖(国际有机化学基金 IOCF)和 2017 年"可持续技术化学科学讲座奖",自 2017 年开始担任美国化学会 Journal of Organic Chemistry 期刊副主编。王官武教授研究了钯催化下各种官能团导向的芳烃邻位 C—H 活化反应,通过 CONHOMe 导向与芳基碘代物反应实现了 N-甲氧基苯甲酰胺的邻位芳基化,然后再通过第二次 C—H 键活化形成 C—N 键并发生分子内关环,合成出具有重要生物活性的菲啶酮,该工作在 Angew. Chem. Int. Ed. 上发表,被 Synfacts 作为亮点评述,《有机化学》期刊也对其做了亮点介绍。王官武教授课题组还首次将 C—H 活化策略应用于富勒烯化学,合成了一系列富勒烯并杂化化合物和全碳环化合物,相关工作总结在 Top. Organomet. Chem. 上发表,并应邀在 2014 年 7 月 21—25 日在新加坡举行的第 41 届国际配位化学会议上做邀请报告。王官武教授在 2015—2017 年连续三年入选 Elsevier 中国高被引学者榜单,获 2012 年亚洲核心计划报告奖、2017 年台湾地区科技主管部门化学推动中心访问讲座奖、2017 年中国科大-兴业证券教育奖,现为《科学通报》(2002—),《有机化学》(2007—), Current Organocatalysis (2014—),《化学学报》(2015—), Current Organic Chemistry (2016—) 编委, Mini-Reviews in Organic Chemistry (2017—) 副主编,中国化学会物理有机化学专业委员会委员。王细胜教授研究了钯催化的不对称 C—H 键官能团化反应,通过钯催化立体选择性 C—H 键活化合成了手性苯并呋喃酮,发展了首例钯(Ⅱ)催化的基于 C—H 活化的不对称碳—杂原子键形成反应,为立体选择性 C—H 活化提供了全新途径,该工作发表在 J. Am. Chem. Soc. 上,成为 Web of Science 的高引论文,被 Synfacts 和有机化学门户网站作为亮点评述。王细胜教授课题组还首次利用杂原子自由基易引发的特点,利用 1,5-氢迁移控制碳(sp^3)—氢键活化的选择性,实现了铜催化多重 C—H 键的选择性官能团化,系列工作分别发表在 Angew. Chem. Int. Ed. 和 Chem. Sci. 上。王细胜教授在 2014 年获得 Thieme 化学期刊奖。黄汉民教授课题组围绕发展过渡金属催化的含氮有机化合物的高效制备方法,重点探索了通过 C—N 键和 C—H 键活化制备碳/氮-金属活性中间体的新策略和金属活性中间体导向的催化新反应构建这两个具有挑战性的科学问题,提出了 C—N 键和 C—H 键活化的新概念,建立了通过 C—N 键和 C—H 键活化制备碳/氮-金属活性中间体的基元新反应,将惰性键的活化与不饱和烃和小分子转化相融合,构建了以烃类物质为碳源,胺缩醛、三级胺和胺盐为氮源的多种 C—C 和 C—N 成键催化新反应,多篇工作发表在 ACS Catal., Org. Lett., Angew. Chem. Int. Ed. 和 Chem. Sci. 等期刊上。

绿色有机合成反应包括"高原子经济性"反应,要求反应条件温和。针对这些要求,罗德平教授课题组利用过渡金属催化的方法,通过对反应原料的设计,高效构建不同的 C—C 键。课题组对钯金属催化的串联偶联反应进行了研究,使用乙酰基和苄基保护的烯胺化合物为原料,在钯金属的催化作用下,通过简单调控反应中使用的有机磷配体和添加剂的碱性强度等,可控得到1,1-二取代烯烃、异喹啉以及聚环异吲哚等衍生物;发展了钯金属催化烯丙基、二氟烯烃以及无机试剂氟化铯的三组分Tsuji-Trost反应,利用氟负离子作为亲核试剂制备了含三氟甲基的有机化合物。以上工作均发表在 *J. Am. Chem. Soc.* 上。

(四) 金属有机化学

王中夏教授利用自己课题组设计合成的 pincer 镍催化剂实现了惰性化学键的催化活化,形成了新的 C—C 键或 C—N 键;研究了其他 C—杂原子键(包括 C—Cl 键、C—F 键、C—O 键、C—S 键等)的催化活化与转化研究;设计合成了多种新配体及其镁、锌、铝的络合物,并用于催化 ε-己内酯和 rac-丙交酯的开环聚合,合成可生物降解的聚酯材料。其中一些络合物表现出很高的催化活性,还可促进 rac-丙交酯的立体选择性聚合。王中夏教授培养的博士研究生谢兰贵获得 2012 年中国科学院院长优秀奖,他也获得 2012 年度中国科大优秀研究生指导教师称号。

顾振华教授自 2012 年在中国科大建立课题组以来,其研究工作集中于导向有机合成的金属有机化学领域。课题组通过发展基于金属催化的高效有机合成方法,实现了高定位选择性酮类衍生物的合成方法,并在复杂天然产物合成中体现了其优势,相关工作在 *J. Am. Chem. Soc.* 和 *Angew. Chem. Int. Ed.* 上共发表论文 4 篇。其中,Rhazinal 的全合成被 *Synfacts* 评价和推荐;Taber 教授在 *Org. Chem. Highlights* 上以 *Substituted Benzenes: The Gu Synthesis of Rhazinal* 为标题对该工作进行了专门评述。顾振华教授还发展了一种全新的策略用于构建联芳基轴手性化合物,如含烯烃结构的轴手性化合物、基于环状二芳基高碘化物开环构建轴手性的方法,相关工作发表在 *Angew. Chem. Int. Ed.*、*ACS Catal.* 和 *Chem.* 等期刊上,先后两次被 *Synfacts* 评述。顾振华教授在 2014 年获得 Thieme 化学期刊奖。

有机硼化合物在现代合成化学中占据十分重要的地位,开发高效、绿色的硼化方法具有重要的应用前景和经济价值。汪义丰教授团队主要研究有机硼自由基的新反应,开发制备有机硼化合物的新方法和新策略,近期研究成果发表在 *J. Am. Chem. Soc.* 上。该工作被《有机化学》作为亮点介绍。汪义丰教授亦获 2018 年 Thieme 化学期刊奖。

(五) 材料有机化学

材料有机化学学科主要集中在富勒烯功能材料、仿生功能材料和自由基功能分子材料的合成及性能研究上。王官武教授课题组开展了一系列富勒烯功能材料的合成,承担了国家自然科学基金委员会重点项目"富勒烯骨架修饰及其应用研究"(2012—2016)。他发展了锰、铁、铜等金属盐催化或促进下的自由基反应、环加成反应、亲核反应等,将富勒烯(C_{60})转化为结构多样的功能富勒烯化合物;利用 CPE 条件下富勒烯化合物被还原为负离子,再与亲电试剂反应得到新颖的多加成产物;发展了多种官能团化内嵌金属富勒烯($Sc_3N@C_{80}$)的制备新方法,获得了若干内嵌金属富勒烯衍生物新结构。这些功能富勒烯化合物有望作为受体材料应用在聚合物太阳能电池中。上述工作在 *Angew. Chem. Int. Ed.* 和 *J. Am. Chem. Soc.* 等期刊上发表多篇论文,王官武教授多次应邀在电化学学会会议、中美华人化学教授会议、中国-爱尔兰双边合成化学前沿论坛及其他国内外会议中做邀请报告。

马明明教授的主要研究领域为仿生功能材料,运用仿生结构设计思想,以有机小分子、高分子和纳米材料作为结构和功能基元进行有序组装,构建了具有动态有序结构的有机功能材料。他发明了室温水汽驱动的聚合物发电机,设计合成了多种具有仿生组装结构的新型能源材料并用于能量收集、存储和转化。马明明教授 2014 年入职中国科大化学系以来在 *Angew. Chem. Int. Ed.* 和 *Nano Energy* 等期刊上以通讯作者身份发表论文 10 篇。

雍国平副教授在自由基功能分子材料方面取得了一系列的研究成果,对 2,3'-联咪唑[1,2-a]吡啶-2'-酮自由基及其衍生物进行了系统研究,获得了具有独特功能的自由基分子材料,如具有较高铁磁性到反铁磁性相变温度、白光磷光发射、刺激响应性以及形貌依赖的光物理性能等自由基功能分子材料。部分工作发表在 *Chem. Commun.*, *J. Mater. Chem.*, *Chem. Eur. J.* 等期刊上。其中具有白光磷光发射的纯有机自由基分子材料被 *J. Mater. Chem.* 编辑部选为热点文章,并被美国化学会 Noteworthy Chemistry 栏目作为亮点报道。

三、分析化学

分析化学学科最早源于建校之初的稀有元素化学专业(1963 年更名为化学专业,下设分析化学专门化)。1964 年并系后分析化学专业设在近代化学系内。1978

年分析化学进入研究生教育阶段,成为中国科大化学学科中最早招收硕士和博士研究生的专业之一,赵贵文先生在分析化学研究生培养方面做出了重要贡献。1959级本科生魏复盛于1997年当选为中国工程院院士,1963级本科生杨秀荣于2013年当选为中国科学院院士,二人毕业后均留校在分析化学教研室工作过一段时间。1982年分系后,分析化学专业并入新成立的应用化学系。1996年成立化学与材料科学学院时分析化学并入新成立的化学系至今。近十年间,分析化学学科得到了快速发展。2010年从美国斯坦福大学引进梁高林教授;2012年从美国普渡大学化学系引进黄光明教授;2015年从美国亚利桑那州立大学引进李涛教授。这些中青年教师已经成长为相应学科的带头人,对分析化学学科的发展起到了重要的推动作用。

分析化学学科长期为全校相关院系开设"分析化学"和"分析化学实验"等基础课程。在化学与材料科学学院"分析化学"课程的基础上,本学科增设了"分析化学Ⅱ"(以电化学分析、色谱分析、光谱分析为主)和"仪器分析实验"等分析化学强化课程。同时,本学科对高年级本科生开设了"环境化学""高等分析方法""生命分析化学"以及"化学计量学"课程,在研究生教学方面,开设有"分子光谱分析进展""分析化学前沿""质谱分析化学""表面活性剂化学""原子光谱分析""电分析化学""全分析系统"以及"分离分析化学"等课程,构成了基础深厚、适应科学发展和社会需求的系统课程。本学科对硕士研究生和博士研究生的培养方案进行了全面修订,覆盖了分析化学的基础理论和专门知识,同时对中国科大分析化学的研究方向和研究成果以及新的学科前沿进行介绍,加强硕士研究生和博士研究生的自主设计型分析化学实验教学,形成了以培养高质量毕业生为目标、理论与实验密切结合、富有特色的教学体系。其中,金谷老师多次获得省级教学成果奖:2012年"化学实验教学中心建设及成效探索"获安徽省特等奖,"分析化学实验'2+1'教学模式的构建及强化"获安徽省三等奖,2013年"研究型大学低年级本科生科研能力培养的探索和实践"课题获安徽省三等奖。金谷老师等组成的分析化学实验教学队伍被评为安徽省省级教学团队。

这期间出版的专著和教材有:邵利民的《分析化学》(科学出版社,普通高等教育"十三五"规划教材)、吴守国的《电分析化学原理(第2版)》(中国科学技术大学出版社)、江万权等的《分析化学:要点·例题·习题·真题(第二版)》(中国科学技术大学出版社)等。邓兆祥参与编写了《DNA纳米技术:分子传感、计算与机器》(科学出版社),《一维纳米结构材料:概念、应用和展望》(中国科学技术大学出版社),*Materials Science of DNA*(CRC Press)以及 *DNA Nanotechnology: From Structure to Function*(Springer)的章节。

在这十年间,本专业科研队伍逐步壮大,科学研究取得了多项突破。崔华教授在纳米化学发光与电致化学发光及其在体外诊断中的应用方面开展研究,开创了化学发光与电致化学发光新的研究领域,对化学发光、电致化学发光和纳米科学以及分析化学、生命科学等领域的基础理论研究具有重要意义,最近在基于水凝胶的仿萤火虫长时间化学发光新体系的研究上取得了重要突破,相关工作在 *Nat. Commun.* 和 *Anal. Chem.* 等一流学术期刊上发表多篇论文。梁高林教授在生物成像分析方向开展研究,开创了新型的、生物兼容的"click"反应,在体内外控制性合成发光纳米材料,用于细胞显像、活体生物体内重要酶的活性检测以及疾病诊断分析,相关工作已发表在 *J. Am. Chem. Soc.*、*Angew. Chem. Int. Ed.* 和 *Anal. Chem.* 等期刊上,拥有一项"一类磁共振成像显像剂和双光子成像显像剂及其制备方法"专利并已转化。邓兆祥教授针对DNA纳米技术在物理和分析化学中的应用开展研究工作,发展了一系列价态可控型核酸功能化纳米模块,程序化组装出多种结构、组成确定的离散纳米结构,实现了纳米自组装结构的强偶联功能调控,对传感分析和生物医学应用等具有重要意义,相关工作发表在 *J. Am. Chem. Soc.*、*Angew. Chem. Int. Ed.*、*Chem. Sci.* 和 *Small* 等期刊上。黄光明教授从事质谱分析方向的研究,开发了新型单细胞质谱分析技术,通过与单细胞膜片钳技术结合,搭建了快速质谱分析平台,实现了单个活体细胞内代谢物的直接质谱解析,完成了活体单细胞中代谢物以及代谢通道的实时质谱分析;从单细胞层次解决了基础分子生物领域的一些重大科学问题,首次从单细胞层次阐明神经细胞内的神经递质代谢通道,自20世纪80年代以来再次在神经细胞中揭示新的谷氨酸合成通道,相关工作发表在 *Cell*、*Proc. Natl. Acad. Sci.* 和 *Anal. Chem.* 等顶级期刊上。李涛教授在基于多链核酸的DNA纳米分析器件方面取得了多项重要研究成果。

这十年间,分析化学学科获得过多项重要项目支持。邓兆祥教授和梁高林教授分别于2014年和2017年获得国家杰出青年科学基金资助。2015年,崔华教授的"研究单纳米粒子催化反应的化学发光与光热多功能成像系统"项目获国家自然科学基金委员会重大科研仪器项目支持。2016年,崔华教授申请的"无标记纳米化学发光新一代体外诊断技术及其在急性心肌梗死快速诊断中的应用"项目获科技部国家重点研发计划项目资助,崔华教授为项目首席科学家,邓兆祥教授、黄光明教授和李涛教授为该项目的课题骨干。吴守国副教授申请的一项国家高技术研究发展计划"863"项目获得资助。梁高林教授为科技部国家重点研发计划项目"环境诱发情绪异常神经机制的多尺度成像方法和研究"的课题骨干。邓兆祥教授为国家自然科学基金委员会创新研究群体项目"纳米材料的制备与能源转换性能"的核心成员。分析化学学科主体队伍加入中国科学院软物质化学重点实验室,部分教师为合肥微尺度物质科学国家研究中心成员,以及"能源材料化学"和苏州纳米科技协同创新中心研究骨干。

在这十年间,青年教师成长突出,优秀人才陆续引进,师资队伍不断壮大。本学科目前有6位教授、5位副教授,其中有三位国家杰出青年科学基金获得者(崔华教授、邓兆祥教授、梁高林教授)。在所系结合方面,本学科与中国科学院长春应用化学研究所等研究所联合培养学生,营造出更为良好的多元化科研、学习氛围。崔华教授2012年获中国化学会分析化学基础研究梁树权奖,2013年获中国科学院第四届十大杰出妇女荣誉称号,2015年获中国化学会分析化学专业委员会中国女分析化学家奖,2015—2016年为国际生物发光与化学发光理事会成员,2018年任国际生物发光与化学发光理事。梁高林教授2010年入选教育部"新世纪优秀人才支持计划",2011年获安徽省杰出青年科学基金,2017年获国家杰出青年科学基金资助。邓兆祥教授2008年获中国化学会青年化学奖,2014年获国家杰出青年科学基金资助。崔华教授任 Anal. Bioanal. Chem. 期刊编辑,ACS sensor 和《分析化学》等期刊编委;邓兆祥教授任《化学学报》《中国化学快报》《分析化学》和 Anal. Bioanal. Chem. 期刊编委;梁高林教授为 Bioconjugate Chemistry 咨询编委。

分析化学学科在学生培养方面成绩显著。崔华教授和林祥钦教授联合指导的博士生孙玉刚入选2011年汤森路透全球顶尖100位化学家。崔华教授组博士毕业生王伟2015年获国家优秀青年科学基金资助并入选江苏省"双创计划"(创新人才),2017年获中国化学会青年化学奖,现为南京大学教授。邓兆祥教授课题组2010届毕业生刘锦斌博士期间的工作入选安徽省优秀博士学位论文,是广东省杰出青年科学基金获得者,现为华南理工大学教授;2009届毕业生韩晓刚博士期间的工作入选安徽省优秀博士学位论文,在校期间获香港"求是"研究生奖学金和中国科学院院长优秀奖,2015年入选西安交通大学"青年拔尖人才计划"并任教授;2012届直博生李育林在校期间获香港"求是"研究生奖学金和中国科学院院长优秀奖,现为合肥工业大学"黄山青年学者"研究员;邓兆祥教授课题组2012届本科毕业生张悦获中国科大郭沫若奖学金。

四、应用化学(含环境工程)

2009年以来由于化学、材料、能源、环境等相关学科的发展,应用化学学科发展已进入多元化阶段,通过与其他优势学科的交叉和融合,形成了富有特色的专业方向,在水污染控制(学术带头人:俞汉青教授)、膜科学技术(学术带头人:徐铜文教授)等研究方向上具有鲜明特色,在国内外具有较高的学术声誉,并产生了显著的社会、经济和环境效益。本学科拥有本科-硕士-博士-博士后完整的人才培养体系,以培养具有坚实的应用化学基础知识和应用技能,既能从事膜科学技术、水污染控制、能源化工及相关领域的基础研究和科技开发,又能从事高等教育的高层次专业人才为主要目标。

应用化学学科不断加强人才培养和引进。目前学科点共有教授8人,副教授4人,拥有了一支高水平的教学与研究队伍,其中有英国皇家化学学会会士1人(徐铜文),国际水协会会士1人(俞汉青),教育部"长江学者奖励计划"特聘教授2人(俞汉青、徐铜文),国家杰出青年科学基金获得者3人(俞汉青、徐铜文、盛国平),国家优秀青年科学基金获得者5人(穆杨、盛国平、吴亮、李文卫、刘贤伟)和教育部"长江学者奖励计划"青年学者2人(盛国平、李文卫)。俞汉青教授现任水研究领域最有影响力的期刊 *Water Research* 副主编以及 *Bioresource Technology* 等其他9种国际期刊编委,徐铜文教授现任膜科学领域最有影响力的期刊 *Journal of Membrane Science* 编委及其他8种国际期刊的编委/客座或执行编辑。

2009年以来学科点承担了国家自然科学基金委员会、科技部、中国科学院、环保部、教育部和安徽省资助以及企业委托的课题项目100多项,总经费8000多万元,其中包括国家杰出青年科学基金项目3项,国家优秀青年科学基金项目5项,国家自然科学基金委员会重点项目5项,国家自然科学基金委员会重大研究计划课题3项,国家重大水专项课题2项,国家重点基础研究计划课题1项。

2009年以来学科点已在 *Nature*、*Nat. Commun.*、*Nature Protocols*、*Nature Reviews Microbiology*、*Chemical Review*、*Chemical Society Reviews*、*Angew. Chem. Int. Ed.*、*J. Am. Chem. Soc.*、*Environmental Science & Technology*、*Water Research*、*Journal of Membrane Science* 等国际刊物上发表论文700多篇;俞汉青教授和徐铜文教授多次入选Elsevier公司发布的中国高被引学者榜单。研究成果获国家自然科学奖二等奖(2014)、教育部自然科学奖一等奖(2012)、安徽省科技进步奖一等奖(2015)、第八届侯德榜化工科技创新奖(2016)、第十二届安徽青年科技奖(2012)、中国石油化工协会科技进步奖一等奖(2009)和环境保护科学技术奖二等奖(2012)等多个奖项。

应用化学学科在学生培养方面成果突出。俞汉青教授指导的倪丙杰和刘贤伟分别获2011年和2013年全国百篇优秀博士学位论文奖,穆杨、孙敏和院士杰分别获2009年、2012年和2014年全国百篇优秀博士学位论文提名奖。倪丙杰、刘贤伟、穆杨、孙敏、院士杰、刘武军、陈洁洁、王允坤还获得了中国科学院优秀博士学位论文奖。"环境工程学科研究生培养模式的探索"获得了2012年安徽省教学成果奖二等奖(俞汉青、盛国平)。

在平台建设方面,膜科学技术研究组与黄山永佳(集团)有限公司于 2011 年联合建立了"膜技术与膜材料研发中心";水污染控制研究组分别于 2012 年和 2017 年获批组建污染控制与资源化教育部创新团队和科技部废水处理与资源化重点领域创新团队,2014 年联合中国科学院城市环境研究所成立了中国科学院城市污染物转化重点实验室,2017 年联合安徽国祯环保节能科技股份有限公司成立了安徽省废水资源化利用工程实验室。2016 年中旬,应用化学专业部分教师搬入中国科大中区应用化学楼,科研条件得到了较大的改善。

在成果应用方面,2014 年徐铜文教授课题组以三项授权发明专利成果(专利号 ZL201010144042.4,ZL200810211990.8,ZL200810020560.8)为依托,成功实现离子膜规模化生产,得到了中国科学院和产业界的极大关注;2014 年 9 月,经《中国科学院关于同意中国科大以无形资产对中国科大资产经营有限责任公司增资的批复》文件批准,并通过中国科大《国有资产评估备案》将三项专利估价,以无形资产增资入股企业,目前成功开发出系列电渗析阴膜/阳膜、双极膜,实现了离子膜的低成本化制备,突破了离子膜材料的国外技术壁垒。水污染控制课题组研发的水污染控制新技术和功能材料也已在淮河、巢湖流域建立了一批示范工程,为地方的污染减排做出了重要贡献。

五、能源化学

能源化学硕士、博士点是 2013 年 11 月在化学一级学科中自主设置的目录外二级学科,谢毅院士任首届学科负责人,目前学科负责人为熊宇杰。该学科通过充分利用中国科大与厦门大学、复旦大学、中国科学院大连化学物理研究所共建的能源材料化学协同创新中心的优势,以在能源领域满足国家重大战略需求和在化学基础学科领域冲击世界一流为导向,培养具有创新意识和实践能力的高素质创新型科研人才。

能源材料化学协同创新中心于 2012 年开始筹建,中国科大与厦门大学、复旦大学三校联合签署协议,共享优势教学资源(平台、仪器、教师等),采用"流动不调动"的方式,联合培养学生,学分互认,拓展了中国科大能源化学二级学科的教学科研基础。能源化学学科以碳资源优化利用、化学储能与转化和太阳能转化化学为主攻方向,以合成制备、理论模拟和仪器方法为基础和支撑,以化学为基础,材料为载体,能源为目标,注重交叉前沿研究与前瞻性、非共识性探索和大学科交叉研究。

能源化学学科成立之初的导师由能源材料化学协同创新中心的 30 位教职员工组成,包括中国科学院院士 1 人(谢毅),国家杰出青年科学基金获得者 11 人(高琛、徐铜文、傅尧、陈初升、王官武、刘世勇、梁好均、侯中怀、罗开富、崔华、胡水明)。能源化学学科在课程内容体系的设置上紧密结合培养目标要求,既注重"厚基础",突出化学原理与方法,又注重"宽方向",丰富跨学科的知识结构。在能源化学二级学科学位点的成立阶段,学科调研了能源、材料、化学交叉学科发展需求和专业发展的重大问题,制定了学科培养方案,确定了相应的公共必修课、院定基础课、专业基础课和专业选修课。该学科于2014年开始正式进行研究生招生,随着学科发展将学科导师扩展至学院所有能源研究的相关教师。

基于能源化学学科和能源材料化学协同创新中心,能源化学学科教师团队参与了国家重点科研仪器设备研制专项"基于可调谐红外激光的能源化学研究大型实验装置"(由厦门大学孙世刚院士牵头)。吴长征和熊宇杰分别承担了由厦门大学牵头的科技部国家重大科学研究计划项目"面向车用燃料电池的纳米-介观-宏观多级结构的电催化体系的研究"和国家重点研发计划专项项目"面向精细化工绿色过程的纳米界面化学"。

能源化学学科导师中徐铜文入选教育部"长江学者奖励计划"特聘教授,黄伟新、熊宇杰、江海龙先后获国家杰出青年科学基金资助,吴长征入选教育部"长江学者奖励计划"青年学者,马明明获国家优秀青年科学基金资助,谢毅院士获联合国教科文组织世界杰出女科学家成就奖和发展中国家科学院化学奖,熊宇杰、马明明先后获香港"求是杰出青年学者奖",朱彦武获2017年度APEC科学创新研究与教育奖,熊宇杰获首届中国青年科技工作者协会"最美青年科技工作者"称号、美国华人化学与化学生物学教授协会杰出教授奖。

六、化学生物学

根据学科发展以及国家科研规划需求,中国科大2012年在化学与材料科学学院新设化学生物学专业,并根据学院教学管理规定与学生培养计划,与生命科学学院教学管理人员讨论,制订了化学生物学专业的教学计划。教学计划包括化学学科群基础课、专业核心课程、专业方向课程,由化学与材料科学学院和生命科学学院任课教师共同开设专业核心课程和专业方向课程。生物专业相关课程直接在生命科学学院学习,化学与材料科学学院组织开设的课程包括化学生物学(普通)、化学生物学(英才)、药物化学、化学生物学实验、生物无机化学原理等。

为配合化学生物学专业的实验教学,化学生物学学科从 2015 年起开展了化学生物学实验课教学,对相关专业的本科生与研究生进行系统的实验技能培训。根据化学生物学专业的特点,实验设计了化学合成、细胞活性、酶抑制剂的活性检测三个方面的内容,从基本的细胞操作到实际科研需要,结合前沿研究工作对学生进行系统的训练。为实现这一目标,实验课邀请了科研一线教授参与实验设计,并分别由化学专业和生物专业的教师直接指导学生实验。具体实验内容包括具有生物活性的化学分子与材料的合成及表征,细胞培养以及化学分子对细胞生长的调控作用,以及肿瘤相关蛋白质表达及抑制剂活性检测。

化学生物学方向的研究涉及药物化学、生物材料、生物成像和疾病早期诊断等方面,学科带头人刘扬中教授承担国家自然科学基金委员会重点项目("核磁共振研究金属药物的细胞摄取与转运的分子机制")、科技部国家重点研发计划项目("活细胞中重要功能蛋白质结构与互作研究")等项目,在 *J. Am. Chem. Soc.*, *Angew. Chem. Int. Ed.* 等高水平学术期刊上发表论文多篇。

化学生物学专业与国际同行积极开展学术交流,与美国、意大利、挪威、新加坡、等国家著名学者建立了长期合作关系,有多篇合作论文发表;多次邀请海内外著名专家来中国科大做学术报告,部分教师受邀访问美国高校并进行学术讲座;研究工作多次在国际学术会议上做邀请报告,近年来做过邀请报告的国际学术会议包括 2017 年美国化学会年会、2017 年国际铂药抗癌研讨会、2017 年欧洲材料学会年会、2016 年亚洲生物无机化学会议、2016 年美国材料学会年会、2016 年美国化学会年会、2016 年国际生物磁共振会议、2015 年国际生物无机化学会议、2015 年金属组学会议、2014 年亚洲生物无机化学会议等。

目前,化学生物学专业仍处在发展阶段,近年来积极引进人才,并培养校内相关研究人员。校内人才培养包括国家杰出青年科学基金获得者(梁高林,2017),香港"求是杰出青年学者奖"获得者(马明明,2015),国家优秀青年科学基金获得者(马明明,2017),教育部"新世纪优秀人才支持计划"入选者(梁高林,2010),安徽省杰出青年科学基金获得者(梁高林,2011)。

近年来,化学生物学专业培养博士后 8 人,其中出站 4 人(魏开举、郑玉船、马国林、赵林泓),目前均在不同高校从事科研工作;在站 4 人(崔杨、师红东、程珺洁、袁斯明)。化学生物学专业有 4 位同学分别获得郭沫若奖学金(郭贺侠,2016)、国家奖学金(李湾湾,2017)、中国科学院院长优秀奖(闵元增、李婵,2012)。

自 2012 年成立以来,化学生物学专业在教学和科研方面取得了较快的发展。针对交叉学科的特殊性,学院建立了化学生物学专业实验室,拥有了细胞实验的超净实验室,建立了细菌培养和蛋白表达的实验平台。目前学院已有5个课题组的数十名研究生在化学生物学实验平台上开展研究工作。

七、可再生能源

化石燃料资源的消耗及造成的环境问题迫使人类开发新型可再生能源。生物质资源作为自然界唯一的可再生碳资源,其开发和利用受到全球研究者的重视。近十年来,国家不断加强对生物质洁净能源开发领域的投入,启动了一系列包括科技部"973""863"项目在内的重大研究计划。学科带头人傅尧教授课题组于2009年至2017年期间,先后承担和参与了科技部"973"项目5项（2007CB210205,2012CB215305,2012CB215306,2013CB228103,2013CB228105）及科技部"863"项目1项,国家自然科学基金委员会各类项目9项（包括国家杰出青年科学基金项目1项及重点项目2项）及其他省部级各类项目11项。基于上述各类项目支持,傅尧教授课题组在生物质转化和绿色物理有机化学领域取得了一系列学术研究成果。

傅尧教授课题组已发表SCI论文超过200篇,包括 *J. Am. Chem. Soc.* 16篇,*Angew. Chem. Int. Ed.* 9篇,*Nat. Commun.* 2篇。其中有10篇论文入选"SCI高被引论文"。课题组相关成果申请并获得授权的专利达25项,包括美国和欧洲专利各1项。相关研究成果获得2009年教育部自然科学奖一等奖,2010年中国科学院卢嘉锡青年人才奖,2011年中国化学会青年化学奖,2013年亚洲核心计划报告奖,2013年安徽省五四青年奖,2015年教育部霍英东教育基金会青年教师奖,2017年闵恩泽能源化工杰出贡献奖,2017中国化学会物理有机化学青年奖。

傅尧教授受邀担任 ChemSusChem 及国内化学类期刊《化学学报》《有机化学》和《中国化学》的编委,担任中国化学会物理有机化学专业委员会、中国化学会绿色化学专业委员会和亚洲-大洋洲绿色与可持续化学协会学术委员会委员,2017年受邀参加全国有机化学会议做题为《烷基硼化合物的合成、反应与机理研究》的特邀报告,参加第一届生物质利用技术国际论坛学术会议并做题为 *Converting Biomass into Biofuels and High-value Chemicals via Selective Catalytic Deoxygenation* 的特邀报告。

在全面深入开展基础研究的同时,本专业也注重对人才的引进与培养,通过国内外交流合作和联合培养的模式,培养了一批本研究领域的优秀科研人才。其中,傅尧教授2014年获国家杰出青年科学基金支持,2016年入选科技部"创新人才推进计划"

("中青年科技创新领军人才")。2009—2017年期间,课题组培养了多名优秀硕士、博士研究生及博士后,其中肖斌博士获2012年中国科学院优秀博士学位论文奖,尚睿博士获2015年中国科学院优秀博士学位论文奖。同时,课题组引进江居龙、王跃虎等国外高校优秀博士进入课题组进行博士后研究。在培养的人才中,肖斌已被聘为中国科大化学系副教授;尚睿博士进入日本东京大学担任研究助理,继续从事研究工作;邓晋博士被聘为中国科大特任副研究员。

本学科不断深化与国内外同领域研究者的交流与合作,先后派送研究生至中国科学院大连化学物理研究所、浙江大学、清华大学、日本东京大学、美国马萨诸塞大学等国内外知名学术机构进行交流学习。2015年邀请生物质领域国际知名专家威斯康辛大学Huber教授来校进行学术交流并做关于生物质领域研究前沿的学术报告。

生物质洁净能源安徽省重点实验室于2007年获批,在实验室主任傅尧教授的带领下不断建设壮大,实验室团队中现有教授8人,特任教授1人,副教授10人,特任副教授1人。实验室在2017年度安徽省重点实验室评估中以第一名的成绩获得优秀重点实验室称号。实验室现有使用面积约1000平方米,各类科研仪器及设备资产总值超过1000万元。为加强学科间的合作交流,实验室团队还加入了中国科学院城市污染物重点实验室及2011协同创新中心的建设。

2009年至2017年间,有多名研究生获得研究生国家奖学金及其他各类研究生奖学金,其中获得研究生国家奖学金的包括博士研究生卢倩倩(2014)、苏伟(2016);硕士研究生杨真真(2012)、杨珍(2013)、卢倩倩(2013)、张琪(2013)、孙妍妍(2014)、付明臣(2015)、李兴宇(2015)、吴伟鹏(2016)、朱瑞(2016)、徐正阳(2016)。获得其他类别研究生奖学金的包括黄耀兵(刘有成奖学金,2013)、卢倩倩(香港"求是"研究生奖学金,2015)、徐禄江(中科大-苏州工业园奖学金,2015)、陈蒙远(刘有成奖学金,2016)、陆熹(中国科学院院长奖学金,2016)、卢倩倩(中国科学院院长奖学金,2016)、陆熹(朱李月华奖学金,2016)、付明臣(光华奖学金,2017)、李闯(光华奖学金,2017)。培养的本科生中陈楚白获得2017年郭沫若奖学金。

在研究生创新能力培养方面,本学科积极拓展研究生的科研探索能力,以解决当下社会重大问题为目标导向开展研究,在绿色化学及可再生能源方面取得了一定的研究成果,同时在此基础上鼓励研究生利用已获得的研究成果进行创业和产业化发展。在傅尧教授的指导下,博士研究生尚睿携其研究成果"一种新型的2-芳基氰类合成方法及其导向的医药化学品绿色化生产路线"获得2011年第十二届"挑战杯"全国大学生课外学术科技作品竞赛特等奖。博士研究生陈蒙远携其研究成果"农林废弃物转化制备清洁生物质能源伽马戊内酯"获得2014年"创青春"全国大学生创业大赛全国赛银奖、2016年合肥市第七届"挑战杯"创新创业大赛一等奖。博士研究生徐清结合实验室建设中出现的设备短缺及国外先进设备出口限制等问题,设计研发了当前实验室急需的一系列高压反应设备,并在2016年"观致杯"皖江青年科技创新创业大赛中获得冠军。徐清毕业后利用其在先进高压反应器领域的技术基础,创立了安徽科幂机械科技有限公司,成功实现了自主创业并取得了良好的经济效益。

第六章
高分子科学与工程系
(20系)

近十年来，中国科大高分子学科发展得很快，在人才培养、学科建设、科学研究、师资队伍建设和社会服务等方面取得了显著的成绩，已成为国际知名、国内著名的学科。

一、历史沿袭

高分子科学与工程系始建于建校之初的1958年，当时系名为"高分子化学与高分子物理系"，是全国乃至全世界第一个开设高分子学科的系。高分子化学与高分子物理系由我国高分子界先驱人物王葆仁、钱人元等创办，旨在培养高分子科学和技术领域的优秀人才，服务于我国发展"两弹一星"的迫切需求。

建校之初，高分子化学与高分子物理系下设高分子合成、重有机合成、高分子物理化学和高分子物理四个专业。1959年，四个专业合并成高分子化学和高分子物理两个专业，并一直保留至今。1962年，中国科学院创办的中国情报大学并入中国科大，其化学专业并入高分子化学与高分子物理系，称为化学科学情报专业。1963年，化学科学情报专业停办。1964年，高分子化学与高分子物理系与其他三个化学方面的系合并成近代化学系，高分子化学专业和高分子物理专业以两个教研室的形式存在。1982年，近代化学系分成近代化学系和应用化学系，高分子化学教研室和高分子物理教研室被划入新成立的应用化学系。1987年，由应用化学系无机专业的部分专业方向、高分子化学专业和高分子物理专业与物理系的晶体专业，共同组建成立了材料科学与工程系，以适应材料科学的发展和国家发展对材料的需求。1996年，化学与材料科学学院成立，高分子系恢复建制，更名为高分子科学与工程系（以下简称高分子系）。2001年，应用化学系被撤销，辐射化学专业并入高分子系。2009年，以高分子系为主体的中国科学院软物质化学重点实验室获批成立，开启了中国科大高分子科学发展的新纪元。

高分子系首任系主任为中国科学院化学研究所党委书记华寿俊，1959年，我国高分子化学的先驱王葆仁先生出任第二任系主任。1964—1987年，钱人元、宋名实、金涌、林一、沈丽君、宗慧娟、马德柱、何平笙、吴承佩、白如科等先后担任教研室主任。从1996年起，潘才元、张兴元、施文芳先后担任系主任。2004年，通过所系结合，中国科学院长春应用化学研究所王利祥担任系主任，刘世勇、罗开富和陈昶乐先后担任执行系主任，沈志傲和何卫东先后担任系党总支书记。

1981年，高分子化学与物理专业被国务院学位办批准为首批硕士学位授予点。

1998年，中国科大获化学一级学科博士学位授予权，高分子化学与物理专业成为博士学位授予点。2003年，材料科学与工程获得一级学科博士学位授予权，高分子系开始培养高分子材料与工程专业博士生。2007年，高分子化学与物理学科成为全国重点学科。据国家自然科学基金委员会2001—2010年中国与世界化学科学的发展态势评估报告——《化学十年：中国与世界》称，中国科大高分子学科高被引论文数量位居世界TOP 20机构国内第一、国际第四，其他多项指标也位列前茅。

二、基本现状

目前，高分子系有正式教职工27人，其中教授18人，副教授6人，博士生导师19人，此外，5位校内教授为该系的双聘教授，有特任副研究员3人，博士后7人。现任教授中有教育部"长江学者奖励计划"特聘教授1人（刘世勇），国家杰出青年科学基金获得者5人（张其锦、刘世勇、梁好均、洪春雁、尤业字），国家优秀青年科学基金获得者2人（陈昶乐、胡进明），教育部"新世纪优秀人才支持计划"入选者2人（洪春雁、尤业字），安徽省教学名师1人（朱平平）。现任系主任为王利祥研究员（中国科学院长春分院院长），执行系主任为陈昶乐教授，系副主任为汪峰教授，系党总支书记为何卫东副教授。

以高分子系为主体的中国科学院软物质化学重点实验室凝聚了中国科大多学科的力量，具有较强的综合实力，学科间的科研协作密切。该实验室除了化学与材料科学学院的研究人员以外，还有多位其他院系教授加盟，如张广照教授（化学物理系，国家杰出青年科学基金获得者，现就职于华南理工大学）、王均教授（高分子系和生命科学学院双聘教授，国家杰出青年科学基金获得者，现就职于华南理工大学）、李良彬教授（国家同步辐射实验室，国家杰出青年科学基金获得者）、徐宁教授（物理学院，国家杰出青年科学基金获得者）和胡源教授（火灾科学国家重点实验室）。实验室顺利通过了中国科学院重点实验室的两次评估检查（2014年和2018年），并取得了较好的成绩。

高分子系每年招收本科生约45人，硕士研究生约45人，博士研究生约25人，近几年研究生留学人数不断增加。十年来，高分子系共培养400多位本科毕业生，深造率（留学和国内读研）保持在76%以上，一次性就业率保持在95%以上，共有11位本科生获得校最高奖——郭沫若奖学金。十年来，450多位研究生获得硕士或博士学位，共有18位同学获中国科学院院长奖，博士生葛治伸获2011年度全国百篇优秀博士学位论文奖(导师:刘世勇)。李军配博士先后获第四届中国创新创业大赛安徽赛区总决赛第一名和全国第五名、皖江青年科技创新创业大赛一等奖,入选湖州市2015年第二批南太湖精英计划领军型创业创新团队。硕士研究生和博士研究生就业率为100%,就业单位为高等院校、科研机构或公司等。目前高分子系有博士研究生80余人,硕士研究生120余人,本科生130余人,外籍留学生(研究生)13人。

三、教学与人才培养

高分子系的教学和学生培养,得到了国内外高校、科研机构和企业的高度认可,培养出的学生普遍受到好评,在国内外享有很高的声誉。

高分子系本科生专业设有理学学士学位的化学专业(高分子化学与物理方向)和工科学士学位的高分子材料和工程专业,学制四年。本科生在前两个学年学习包括数学、物理和化学类的基础课程,第三学年进行高分子类专业课程的学习,第八学期完成本科毕业论文工作。在本科教学方面,高分子系教师团队坚持基础宽厚实、专业精深活的培养理念,夯实学科基础通修课程和化学学科群课程的教学,不断优化高分子类的主干课程,关注学科交叉。高分子系教师团队开设"高分子科学与材料概论"研讨课,科普高分子的基础知识和学科发展;为新生开设"科学与社会"课程,着重讲解高分子科学的重要性和重大进展;在高年级做学术报告,与学生们分享高分子的重要科研进展和科学研究内涵,培养学生们的科研兴趣;每年选派3—5位本科生到国外一流大学进行暑期交流,开阔了学生们的学科视野。

高分子系教师团队加强创新研究型实验教学体系的建设,完善高分子化学、高分子物理两个教学实验室的硬件,更新高分子加工和力学性能测试设备,构建起从化学合成、结构表征、性能测试、应用技术到理论模拟的实验教学课程体系;坚持"基础-综合-创新"的实验教学理念,着重培养科学思维方式和创新科研能力,开设自主实验;引导本科生从事课余科研活动,鼓励本科生尽早进入课题组,培养其实验技能;通过中国科学院软物质化学重点实验室平台激励导师指导本科生从事科学研究,鼓励高年级本科生跨专业进行大学生创新实验计划、校大学生研究计划和本科毕业论文写作,为学生的个性化培养提供便利。

高分子系设有高分子化学与物理、材料加工工程两个学位点,培养硕士研究生和博士研究生。硕士研究生的生源质量一直保持较高水平,虽然近五年接收免试研究生的比例持续增加,但始终严格控制在60%左右。硕士研究生每年转博士研究生的人数约有20人。2014年9月,首位留学博士生Abhishek Narayan Mondal入读高分子系,2017年9月高分子系首次招收硕士留学生,留学研究生人数逐年增多。

根据学科建设和课题研究,高分子系优化研究生课程,调整教学大纲,确定"功能高分子"和"高分子研究方法"为研究生的专业核心课程,强化对学科基础知识综合运用能力的培养。高分子系多方位开展与国内外大学和科研机构的学术交流,邀请著名学者做学术报告,介绍高分子相关领域的最新进展,促进研究生科研工作能力的快速提升;通过申请国家公派留学基金和校资助项目,派遣研究生到国外大学进行联合培养。

在教学成果方面,"高聚物结构与性能"被评为国家级精品课程,"高分子物理实验"被评为安徽省精品课程,高分子物理教学的影响辐射全国;与美国北卡罗纳大学合办的"高分子化学"国际英语视频课程,受到中外学术界和媒体的广泛关注,中国驻美国大使馆赞扬其"为中美教育界的合作提供了新的模式"。2008年"高分子物理实验精品课程的全面深化及示范作用"荣获安徽省教学成果奖一等奖,2010年"高聚物的结构与性能及相关课程教材的持续建设及辐射与示范作用"荣获安徽省教学成果奖特等奖。

结合学科发展和学生培养的新需求,高分子系组织教师修订和编著各类教学参考书和专著,先后出版《高分子化学(第2版)》(潘才元)、《高分子化学实验(第2版)》(何卫东、金邦坤、郭丽萍)、《高分子物理实验(第2版)》(杨海洋、朱平平、何平笙)、《聚合物多层次结构中稀土络合物的光谱性质》(张其锦)、《功能高分子》(潘才元)、《二维状态下的聚合》(何平笙)、《热固性树脂和树脂基复合材料的固化》(何平笙、金邦坤、李春娥)、《新编高聚物的结构与性能》(何平笙)、《聚合物的结构与性能(结构篇)》(马德柱)、《聚合物的结构与性能(性能篇)》(马德柱)、《高分子物理重点难点释义》(朱平平、何平笙、杨海洋)、《高聚物的力学性能(第2版)》(何平笙)和 *Structure and Properties of Polymers*(何平笙)等。其中 *Structure and Properties of Polymers* 为首部在国外出版、由中国高校主编的高分子学科英文教材。《高分子化学》为"十一五"国家级规划教材、中国科学院指定的考研参考书。朱平平、何平笙等翻译的 *Principle of Polymer Chemistry*(Flory编著,被称之为"高分子科学圣经")一书由中国科大出版社出版。

2010年,罗开富博士加盟本系,原中国科学院化学研究所研究员王志刚博士来高分子系工作。2011年,全国百篇优秀博士学位论文奖获得者葛治伸、全国百篇优秀博士学位论文提名奖获得者汪峰,以及弗吉尼亚大学的张国庆博士先后入职高分子系。2012年高分子系从美国芝加哥大学引进从事烯烃配位聚合研究的陈昶乐博士;2013年从美国伊利诺伊大学香槟分校引进从事柔性电子材料研究的徐航勋博士;2016年从澳大利亚莫纳什大学引进从事高分子纳米药物研究的胡进明博士;2017年从德国马普所引进从事高分子光子材料研究的吴思博士;在此期间,王均教授、张国庆教授先后离开高分子系,分别到生命科学学院和合肥微尺度物质科学国家研究中心工作。

十年来,高分子系教师的科研和教学水平不断提升,特别是青年教师成长迅速,成为高分子系的主力军。刘世勇教授入选教育部"长江学者奖励计划",罗开富教授(2012)、洪春雁教授(2015)和尤业字教授(2016)先后获国家杰出青年科学基金资助,陈昶乐教授(2015)和胡进明教授(2017)获国家优秀青年科学基金资助,邹纲教授(2016)获安徽省杰出青年科学基金资助。高分子系重视青年教师教学能力的提升,做好教学工作的传帮带。朱平平教授于2013年荣获安徽省教学名师称号,汪谟贞老师、张国颖老师、邹纲老师在学校的青年教师教学竞赛中先后荣获一、二等奖。许多教师还承担了四大化学的理论教学和实验教学,王延梅教授一直承担少年班学院化学原理课程的教学,何卫东老师首次开讲面向全校的化学原理课程。

四、科研成果和科研平台建设

高分子系的科研工作分为两大方向:高分子化学方向包含高分子合成化学、功能高分子材料和高分子辐射化学,高分子物理方向包含高分子聚集态结构调控和高分子加工。近十年来,高分子系承担和参与了科技部国家重大科学研究计划项目、"973"项目,中国科学院创新工程重点项目,国家自然科学基金委员会重点项目和面上项目等50余项科研任务。

(一) 高分子合成化学(复杂结构高分子的设计与合成)

基于高分子化学、现代有机合成、化学生物学的技术和最新研究进展,结合材料科学、纳米技术、界面化学和生命科学的基本原理和方法,实现多层级、多尺度高分子材料的结构设计、制备、表/界面调控以及仿生材料的精准构筑,聚焦于发展新型合成方法,创新设计和高效制备具有特定组成、序列结构、立构选择性和高级有序结构的功能性高分子材料,创新表征方法,阐明高分子材料结构与性能间的内在关联。在可控聚合、聚合诱导自组装、复杂结构高分子的设计与制备、烯烃聚合/共聚催化剂、辐射聚合技术、触发式自降解高分子合成,以及生物可降解高分子材料等方面,形成了特色的研究优势。

洪春雁教授和潘才元教授课题组，在不同拓扑结构聚合物的合成及应用、功能单元在聚合物中的嵌入位点和聚合物中链段排列的精密控制、聚合反应诱导自组装高效制备聚合物纳米材料等方面的研究中，取得了一系列具有创新性和重要意义的研究成果：

(1) 不同拓扑结构聚合物的合成及应用。在迈克尔加成聚合的过程中，通过聚合反应条件控制生成聚合物的拓扑结构(*Macromolecules*, 2014(47):4136)；利用聚合物拓扑结构控制合成大分子与DNA组装体的形貌；利用合成的超支化聚合物和DNA组装成发荧光的纳米环，为荧光纳米环的构建提供了新的手段(*Angew. Chem. Int. Ed.*, 2010(49):1099)，*Nature China* 和 *NPG Asia Materials* 将其作为研究亮点进行了报道。

(2) 对功能单元的嵌入位点和链段的排列进行精密控制。结合温度控制的阴离子开环聚合和光控制的活性可控自由基聚合，发展了一种双重可切换并可内部转换的聚合方法，利用这种新颖的聚合方法合成出一系列不同序列结构的共聚物(*Nat. Commun.*, 2018(9):2577)。通过常见的非荧光烯类单体的活性自由基聚合，制备能发出强荧光的聚合物，并对其发光机理进行了研究，为不使用荧光试剂合成荧光聚合物提供了新方法(*Adv. Mater.*, 2012(24):5617)，*Materials Views*, *Noteworthy Chemistry* 对其进行了报道。发展新的多组分反应，如基于硫代内酯的亲核开环和巯基迈克尔加成新的三组分反应，并将其应用于序列规整聚合物的合成(*Macromolecules*, 2015(48):3414)。

(3) 发展了聚合诱导自组装与再组织(PISR)方法，使嵌段共聚物的合成、自组装与形貌的转变在一锅中完成，实现了聚合物纳米材料的可控与高效制备(*Macromolecules*, 2014(47):1664; *Biomacromolecules*, 2016(17):2992)，为制备各种形貌的聚合物纳米材料提供了一种方便、有效的手段。利用PISR高效制备出光敏的聚合物纳米材料，经后期光照改性后的纳米粒子核带有大量羧基，从而实现了阿霉素的高效负载(82.9%)以及pH响应性的释放，所得聚合物纳米药物载体具有快速的溶酶体逃逸速率和良好的抗癌效果(*Biomacromolecules*, 2017(17):1210)。

十年来，洪春雁教授课题组承担国家自然科学基金委员会重大项目1项、面上项目4项，洪春雁教授入选教育部"新世纪优秀人才支持计划"(2008)，并获得国家杰出青年科学基金(2015)资助。课题组以通讯(含共同通讯)作者身份在 *Nat. Commun.* 上发表论文1篇，在 *Angew. Chem. Int. Ed.* 上发表论文1篇，在 *Adv. Mater.* 上发表论文1篇，在 *Macromolecules* 上发表论文4篇，在 *ACS Appl. Mater. Interfaces* 上发表论文5篇，在 *Biomacromolecules* 上发表论文4篇，在 *Chem. Commun.* 上发表论文3

篇。2009年,潘才元教授、洪春雁教授和尤业字教授的"可控聚合反应及应用"获安徽省自然科学奖一等奖。

响应性高分子是指在外界刺激条件下发生响应性变化的一类特殊的聚合物,其独特性质为新型功能材料的发展提供了良好的契机。在该领域,刘世勇教授带领团队(葛治伸、胡进明、张国颖)创新复杂拓扑结构高分子的合成策略,取得多项重要研究成果。团队利用超分子胶束与单链之间的可逆平衡,实现了在高浓度下环形聚合物的高效制备(*J. Am. Chem. Soc.*,2009(131):1628);提出"无痕交联"高分子囊泡概念,实现高分子囊泡组装体双层膜结构的渗透性和稳定性的协同增强,使疏水/亲水药物同步释放成为可能,由此在细胞中构建纳米酶反应器(*Angew. Chem. Int. Ed.*,2014(53):3138),该工作发表后被 *Nat. Chem.* 作为研究亮点报道(*Nat. Chem.*,2014(6):271);基于对外界刺激的高选择性和输入信号的非线性放大能力,触发式自降解聚合物能够自发地进行类多米诺式的串联解聚,是非常独特的新型刺激响应性材料;获得一类新型的触发式自降解聚合物囊泡,通过改变末端结构,实现囊泡对多种环境刺激的触发式解离,成功地实现了疏水和亲水药物(化疗药物与光疗药物)的同步高效释放,而且可进行逻辑门调控(*J. Am. Chem. Soc.*,2014(136):7492);对超支化触发式自降解聚合物进行模块化设计,赋予其化学结构与功能的多样性,以及降解速率的可调控性,发展出多种化学/生物检测和药物输运功能,H_2O_2 荧光检测限达到 20 nM 的水平,并实现了对人癌胚抗原的超灵敏荧光检测(*J. Am. Chem. Soc.*,2015(137):11645)。刘世勇和刘固寰等还发展出对叠氮官能化成像探针/合成高分子和巯基官能化的抗体/蛋白/多肽之间的缀合效率进行原位实时荧光定量检测的通用策略,能够监控癌胚抗原单克隆抗体与醌氧化还原酶响应的萘酰亚胺衍生物的抗体-探针缀合物的构建过程,提高对醌氧化还原酶的检测特异性与灵敏性(*Angew. Chem. Int. Ed.*,2017(56):8686)。

鉴于刘世勇教授等在高效构建响应性高分子基化学检测体系和主客体凝胶网络方面的研究贡献,他们受邀为化学材料领域国际权威期刊撰写专论(*Chem. Soc. Rev.*,2013(42):7289;*Acc. Chem. Res.*,2014(47):2084;*Prog. Polym. Sci.*,2014(39):1096),并应邀在2017年高登研讨会上做大会特邀报告。2016年,刘世勇、胡进明和葛治伸的"响应性高分子的可控合成与超分子组装体功能调控"获安徽省自然科学奖一等奖。

陈昶乐教授在回国之后,以催化剂为核心,以高性能聚烯烃材料的可控制备为目标,围绕新型、高性能催化剂的设计,烯烃聚合新型调控手段的开发和官能团化及高性能聚烯烃材料的制备,开展了系统、深入的研究,很快在聚烯烃这一传统研究领域取得了创新性成果。陈昶乐教授发展出一系列具有自主知识产权的高性能催化剂体系(*Angew. Chem. Int. Ed.*, 2018(57):3094);首次将慢链行走概念(*Angew. Chem. Int. Ed.*, 2015(54):9948)、原位氧化-还原概念(*Angew. Chem. Int. Ed.*, 2015(54):15520)、配体次级配位效应概念(*Angew. Chem. Int. Ed.*, 2017(56):11604;*Angew. Chem. Int. Ed.*, 2017(56):14672)等引入到烯烃配位聚合研究中;通过对催化剂的优化设计,首次实现极性官能团化的超高分子量聚乙烯的直接合成(*Angew. Chem. Int. Ed.*, 2016(55):13281);通过对聚合机理的深入研究,首次实现基于乙烯单一原料的聚烯烃弹性体的直接合成。近五年来,他以通讯作者身份发表论文 70 余篇,包括在 *Nat. Rev. Chem.* 上发表论文 1 篇,在 *Angew. Chem. Int. Ed.* 上发表论文 6 篇,在 *ACS Catal.* 上发表论文 5 篇,在 *Macromolecules* 和 *Polym. Chem.* 上分别发表论文 7 篇等,其中 14 篇论文入选 ESI 1% 高被引论文。陈昶乐教授在 2015 年和 2016 年入选 Royal Society of Chemistry Top 1% 高被引作者,2016 年入选 *Sci. China Chem.* TOP 30 高被引作者。

陈昶乐教授自 2018 年起担任 *Science China Chemistry* 青年编委,以及 *Science Bulletin* 副主编;在国内外会议上做邀请报告近 20 次,并且于 2016 年受邀到日本东京大学做学术报告;2016 年获中国化学会青年化学奖(全国化学领域只有 10 人)、Thieme 化学期刊奖以及日本高分子学会国际知名青年科学家特邀报告等奖项。

辐射化学研究团队坚持发展辐射化学与材料制备相结合这一研究方向,成为国内辐射化学领域内独具特色的辐射合成研究团队。该团队由施文芳教授、张志成教授、葛学武教授,以及刘华蓉副教授和汪谟贞副教授组成。施文芳教授曾担任辐射固化学会理事长,为我国辐射固化事业做出了很大贡献,在担任高分子系主任期间,大力引进青年人才,使高分子系得到快速发展。张志成教授曾担任科大创新辐化分公司总经理,葛学武教授担任副总经理,为学校的产业发展做出了很大贡献。施文芳教授和张志成教授于 2010 年退休后,葛学武教授成为该团队的负责人。近十年来,该团队在辐射化学和多相体系界面化学交叉融合的基础上,发展了从纳米到微米级各向异性微球和多孔结构材料,以及功能性高分子微球和二氧化硅微球材料的辐射制备方法和理论,并将制备的材料用于吸附、缓释、电池和生物医药等领域。团队成员共承担科技部"863"项目 1 项,国家自然科学基金委员会面上项目 9 项和青年基金 1 项。在产学研方面,该团队与多家企业建立了长期合作关系,同时承担了国防科工委挑战计划项目、中石油创新项目、中石化和其他企业项目多项,并取得了富有成效的研发成果。相关研究成果在 JCR Ⅱ区以上高水平学术期刊上发表论文 50 余篇,申请专利 15 项,其中已获授权 8 项。团队成员张志成、刘华蓉、汪谟贞和葛学武还参与了"十二五"国家重点图书出版规划项目《辐射技术与先进材料》部分章节的撰写工作(上海交通大学出版社,2016 年 3 月),汪谟贞还参加了 *Radiation Technology for*

Advanced Materials 一书的撰写工作(DOI: https://doi.org/10.1016/B978-0-12-814017-8.00008-1)。目前,葛学武担任辐射研究与辐射工艺学会副理事长、辐射固化学会副理事长和《辐射研究与辐射工艺学报》副主编。汪谟贞担任 *Chinese Chemical Letters* 青年编委。刘和文教授为科技部国际热核聚变实验堆(ITER)计划专项首批人才之一和专项项目会评专家,为国家磁约束核聚变能发展研究专项 2018 年项目答辩评审专家组召集人之一,承担"人造小太阳"的 EAST 装置两项合同项目以及科技部国际热核聚变实验堆(ITER)计划专项人才项目。在高分子化学领域,刘和文教授重点关注大环类聚合物的控制合成,发现环化加成聚合物的螺旋结构(*Macromolecules*,2016(49):445;*Macromolecules*,2019(52):6018)。在软物质研究领域,刘和文教授关注胶体微粒的光诱导聚集、输运,发现聚集的多层氧化石墨烯粒子在光诱导下发生呼吸状振动的非线性运动状态(*Adv. Funct. Mater.*,2016(26):3164;*Chem. Commun.*,2018(1):72)。

白如科教授课题组一直从事高分子合成方法学的研究,在氟烯烃活性自由基聚合和二维聚合物合成方面取得了重要进展。全氟聚合物具有独特和优异的性能,它是通过氟烯烃的自由基聚合合成的,但聚合物分子量难以精确控制。该课题组首次实现了全氟烯烃与普通乙烯基单体的活性自由基共聚合反应,不仅可以精确调控聚合物的分子量,而且可以制备氟烯烃的嵌段共聚物。这一研究成果不仅攻克了全氟烯烃难以进行活性自由基聚合的难题,而且为新型含氟聚合物的合成和应用开辟了新途径(*Chem. Commun.*,2011(47):7839;*Polym. Chem.*,2013(4):1760;*Polym. Chem.*,2014(5):6358;授权国家发明专利:ZL 2013 1 0182759.1)。目前,合成具有单分子层、分子链堆积致密的、具有纳米厚度共轭二维聚合物的方法还很少,课题组提出了"溶液自组装聚合"法制备二维聚合物的新策略。课题组依据新策略对单体分子的结构进行设计,借助分子间的亲疏水相互作用、π-π 相互作用和静电排斥作用,成功地制备了单层二维共轭聚合物和其他二维聚合物。这种溶液自组装聚合方法的优点是,在无需任何界面或表面辅助的条件下,可以直接获得单层或寡层二维聚合物,高效、便捷且具有普适性(*ACS Nano*,2017(11):7223;*Macromolecules*,2017(50):292;*Macromol. Rapid Commun.*,2018(39):1700880;*RSC Adv.*,2018(8):3803)。

梁好均教授团队提出"光控形成活性 DNA 黏性末端"的概念,实现了在溶液中紫外光可控 DNA 杂交链增长反应,以及表面光控 DNA 杂交链增长反应(*J. Am. Chem. Soc.*,2013(135):7967)。何卫东副教授将冷冻聚合拓展到可控自由基聚合和开环聚合,研究成果受到冷冻聚合和冷冻凝胶化领域的关注。

(二) 高分子聚集态结构与调控

从理论计算模拟和实验研究两方面研究高分子在溶液、界面和本体状态下的聚集态结构，揭示复杂体系中各种次价键分子间相互作用的本质与规律，理解和认识这些作用的变化所导致的高分子链折叠、聚集、扩散和组装等过程的动力学和热力学行为。研究方向集中在高分子在溶液中构型的折叠和聚集，小分子和生物大分子之间的相互作用及其导致的高分子构象变化检测和调控，高分子辅助的纳米粒子组装和聚集，仿生高分子囊泡的渗透性和稳定性调控，高分子胶体稳定性及多层次动态超分子组装，聚合物加工过程中的聚集态结构发展和演化等方面。在此基础上，阐明具有特定纳米结构形貌的高分子组装材料的形成与触发式解离、形貌转变、多级组装过程的演化规律，为探索和发展具有光/电/催化/生物/分离等协同功能的高分子材料提供了理论依据和实验基础。

近年来，邹纲教授课题组在偏振光调控拓扑聚合的立体化学方面，取得了许多研究成果。该课题组首创将圆偏振光辐照引入到二乙炔单体的拓扑聚合反应中，成功制备出具有特定光学活性的聚二乙炔功能材料，其中聚二乙炔螺旋链方向与外加圆偏振紫外光的手性方向一致，确定圆偏振光与二乙炔二聚体之间的相互作用在不对称光聚合反应中起到关键作用，光学活性聚二乙炔功能材料的手性过剩程度提高到了 0.1 左右（*Nat. Commun.*, 2014(5):5050）。该课题组还将刺激响应共轭聚合物材料介入到一维纳米纤维中，通过外场刺激成功实现对不同纳米纤维光学性能的调控，并在同一复合膜上构筑两根不同荧光发射特性的聚合物纳米纤维光波导（*Nat. Commun.*, 2017(8):14330）；以纳米尺度的二乙炔囊泡为基本组装单元，通过光控分级组装构筑一维聚二乙炔微米管，管壁厚度能够自由调节，微米管的中空结构能显著降低材料与环境介质的耦合，使得传输荧光信号具有更低的光学损耗；外界刺激信号可调控微米管内聚二乙炔链的构象，由此实现光波导行为的有效调控（*Adv. Mater.*, 2014(26):3136）。

汪峰教授课题组在自组装超分子聚合物领域的研究中取得了一系列重要进展。该课题组针对超分子聚合物存在聚合体系和聚合方法相对缺乏、超分子聚合过程可控性差、功能化拓展仍待深入等科学问题，通过发展"螯合导向自组装"策略，以超分子螯合体系作为非共价连接基元，实现了供受体型超分子聚合物的高效构筑（*Angew. Chem. Int. Ed.*, 2014(53):6090; *Chem. Soc. Rev.*, 2018(47):5165）；通过非共价键的高效加合，构建具有"成核-链增长"协同聚合机制的超分子聚合物，阐明了构筑基元的分子参数对于聚合行为的影响规律（*Angew. Chem. Int. Ed.*, 2017(56):

12466);充分利用"成核-链增长"协同超分子聚合体系中π-共轭基元的优异性质,实现其在光波导、光催化、荧光防伪等领域的功能应用(*Nat. Commun.*,2018(9):3977;*ACS Catal.*,2017(7):4676)。鉴于工作的系统性和创新性,该课题组受邀在 *Acc. Chem. Res.* 上发表专题综述(*Acc. Chem. Res.*,2018,DOI:10.1021/acs.accounts.8b00340)。

十年来,汪峰教授承担国家自然科学基金委员会重大研究计划培育项目1项、面上项目3项。他以通讯/第一作者身份在 *Nat. Commun.* 上发表论文1篇,在 *J. Am. Chem. Soc.* 上发表论文1篇,在 *Angew. Chem.* 上发表论文3篇,在 *Acc. Chem. Res.* 和 *Chem. Soc. Rev.* 上各发表综述论文1篇。汪峰教授2014年入选Elsevier 2014年中国高被引学者榜单(化学科学领域),2015年入选中国科学院青年创新促进会。他教授的3位博士生、5位硕士生获得国家奖学金,田玉奎博士现为天津大学副教授。

邹纲教授课题组和汪峰教授课题组开展合作研究,通过有机结合(聚)二炔自组装和π-共轭铂等相互作用,设计合成了π-共轭铂炔基单体,利用氢键、π-π堆积等多重非共价相互作用的协同效应,显著增强了超分子聚合驱动力,成功制备了一维微米尺度的超分子共轭聚合物电纺纤维(*Angew. Chem. Int. Ed.*,2017(56):12466)。

对软物质体系聚集态和转变过程的原位实时表征,离不开针对具体研究对象和环境的专业设备研制。在此方面,李良彬教授依托同步辐射高亮度先进光源等大科学装置,发展出一系列原位研究流动场等非平衡外场诱导高分子相变和自组装的新技术,实现空间分辨率为 1.5 μm 的 X 射线衍射、时间分辨率为 2 ms 的小角和广角 X 射线散射、空间分辨率为 50 nm 的 X 射线三维成像和 4 μm 的偏振红外谱学成像等原位研究高分子相变和结构性能关系的技术和方法,自行研制出系列国际独有的原位研究仪器装备。近五年,相关研究在科学仪器权威期刊 *Rev. Sci. Instrum.* 上发表论文3篇,获授权专利11项(发明专利5项,实用新型专利6项)。利用上述自行研制的仪器,李良彬教授系统研究了流动场-构象转变-凝聚态相变的关系,构建了流动场诱导结晶的热力学唯象理论。由于在流动场诱导结晶方面的贡献,李良彬教授受邀在高分子领域权威期刊 *Macromolecules* 上撰写"流动场诱导结晶"的前瞻观点论文(*Macromolecules*,2016(49):1505),并载于当期封面。近期,李良彬教授进一步系统总结了该领域的研究成果和主要进展(*Chem. Rev.*,2018(118):1840),并成为 *Macromolecules* 期刊副主编。

在聚合物结晶动力学和复杂流体流变学方面,王志刚教授先后承担了"聚合物碳纳米管复合材料的流变和松弛特性研究"和"长链支化聚乳酸的制备及其流变学与结晶动力学研究"两项国家自然科学基金委员会面上项目,参研了科技部"973"重大项目子课题"聚合物复杂流体形态结构的演变机理和性能"。在这些项目基金的支持下,王志刚教授团队研究高聚物体系本构模型以及结晶性高聚物的结晶动力学。结晶性高聚物本构模型包含流动诱导效应,可预测流动条件下高聚物大分子构象与结晶度、结晶形态的变化;本构模型可预测流动条件下的应力-应变关系,包含分散相形态的形变、破裂和凝聚机理。同时,团队利用先进散射和衍射实验技术,结合流变学研究加工成型(如注射或挤出)的过程中,高聚物体系在剪切等应力场作用下的链段排列、取向和松弛平衡,以及多尺度微结构的生成、演化机理,掌握结晶性高聚物在加工成型过程中的结晶动力学,为高性能高聚物制品产业化提供理论和实验依据。相关研究工作发表在 *Macromolecules*, *Polymer Chemistry*, *ACS Sustainable Chem. Eng.*, *ACS Appl. Mater. Interfaces* 等期刊上。此外,他们还将高分子合成化学与高分子聚集态结构调控相结合,制备出一类新型的热塑性弹性材料。

王志刚教授团队提出在刚性主链上接枝软的橡胶侧链新颖设计,通过电子转移活化催化剂再生-原子转移自由基聚合,制备出一系列性能优异的新型热塑性弹性体复合材料;以此为基础,将无机纳米填料进行表面接枝聚合,并引入到第三代热塑性弹性体基体中,进一步提高了力学性能、导电性、磁性、热稳定性和透气性(*ACS Appl. Mater. Interfaces*, 2015(7):10563; *Macromolecules*, 2013(46):4772);同时,通过补充活化剂原子转移自由基聚合,将具备完全相反物理性质的刚性纤维素和柔性聚异戊二烯共价键合,获得新型接枝共聚物(*Polym. Chem.*, 2014(5):3379),通过后交联和高分子物理后加工技术,使得材料呈现出令人惊奇的非线性力学性能,接近人类皮肤;通过调节纤维素的含量,可以精确调节该材料的仿生力学性能,从而展现出不同类型皮肤的力学性能(*ACS Macro Lett.*, 2016(5):220)。

自2017年1月起,王志刚教授担任 *Polymer Crystallization* 期刊顾问编委,2018年3月起担任 *Applied Surface Science* 期刊副主编。

(三) 生物医用高分子材料

在生物医用材料方向,重点研究用于诊断、治疗、修复的新型高分子材料,发展生物微环境可降解、高效无毒的传递生物活性物质的高分子生物材料,建立载体材料的化学结构与物质传递效率之间的关系,实现靶向输运与可控释放;研究可原位在线诊断和诊疗的高分子药用载体材料,研究基于响应性高分子载体的组合式治疗以及治疗模式的原位转换。

基于响应性高分子,刘世勇教授课题组结合小分子荧光/比色检测诊断体系的优势,应用和发展反应型和超分子识别型小分子检测基元的设计理念,集成响应性高分子的化学和物理特性,构建了一系列新型化学与生物检测体系,从而实现了多功能集成、检测性能优化和检测灵敏度的提高。该课题组受邀在 Macromolecules 期刊上发表有关这一学术思想的综述文章(Macromolecules,2010(43):8315),并载于当期封面。基于上述思想,课题组结合酶催化偶联反应和聚集诱导发光(AIE),发展出一类新型的过氧化氢荧光探针,实现了对多种分析底物(H_2O_2、D-葡萄糖、疾病相关抗原等)的高灵敏检测(J. Am. Chem. Soc.,2014(136):9890);结合 AIE 效应和静电相互作用,从带有四苯基乙烯母核的星形阳离子聚合出发,实现革兰氏阳性菌和革兰氏阴性菌的荧光、磁共振双模态定量检测和抗菌性能的协同(Adv. Mater.,2014(26):6734);基于超支化触发式自降解聚合物平台,实现线粒体靶向的 20 nM 检测限的 H_2O_2 超高灵敏度检测;并结合拓扑化学放大、酶介导正反馈循环放大和 ELISA 原理,实现了对人癌胚抗原的超灵敏荧光检测(J. Am. Chem. Soc.,2015(137):11645)。鉴于在该领域的研究成果,刘世勇团队应邀发表相关工作的前瞻专论(Dalton Trans.,2015(44):3904),2 次受邀为 Chem. Soc. Rev. 期刊撰写专论(Chem. Soc. Rev.,2013(42):7289;Chem. Soc. Rev.,2012(42):5933)。刘世勇教授受邀在 2013 年度全国高分子学术论文报告会上做大会报告,并共同组织了美国化学会 2016 年度春季年会分会。

刘世勇教授团队提出了"聚前药两亲性分子"的新概念,首创"polyprodrug"英文词,通过超分子自组装获得了具有可控形貌(球状、盘状、错列堆积片层、复合囊泡)的高载药率(>50 wt%)"自携带"聚前药纳米粒子,实现高效胞吞、内涵体逃逸以及胞浆还原性微环境触发释放具有治疗活性的原药,并揭示了组装体形貌依赖的肿瘤细胞内吞、胞内输运、活体循环以及抗肿瘤疗效等差异(J. Am. Chem. Soc.,2013(135):17617),获中国发明专利授权 2 项;在此基础上,构建了具有药物输运/检测诊断双重功能的聚前药诊疗纳米载体,可对病变组织微环境和特异性外源刺激信号产生灵敏响应,实现了对肿瘤组织的高效组合化疗(Adv. Mater.,2018,DOI:10.1002/adma.201706307);基于超支化聚前药的分子骨架,结合具有磁共振造影信号的钆络合物,实现细胞内还原性微环境响应的磁共振/光学信号特异性增强和同步药物控释(J. Am. Chem. Soc.,2015(137):362)。此外,该团队还制备了一种对青霉素 G 酰胺酶和 β-内酰胺酶具有选择性响应的聚合物囊泡,利用酶促反应驱动的囊泡到球形交联胶束的转变释放万古霉素,实现了对包括耐药菌种在内的高效细菌的选择性抑制(Angew. Chem. Int. Ed.,2016(55):1760)。葛治伸副教授基于含苯硼酸酯和哌啶共聚疏水嵌段的聚合物构建了肿瘤微环境特异性激活的聚合物纳米反应器,在血液循环中可以很好地保护所负载的葡萄糖氧化酶,能选择性地在肿瘤微酸性和高浓度葡萄糖环境中发生酶促氧化反应生成 H_2O_2,提高肿瘤组织的 H_2O_2 水平。同时,

H_2O_2触发嵌段聚合物缓慢释放醌亚甲基化合物,可进一步提高细胞的氧化压力,从而实现纳米微反应器介导的协同治疗(Angew. Chem. Int. Ed.,2017(56):14025)。

刘世勇教授先后获国家自然科学基金委员会重点项目、重大项目(1500万元)资助。近十年,他在国际重要期刊上共计发表通讯/第一作者论文173篇,其中有46篇发表在 Macromolecules 上,26篇发表在 Langmuir 上;在国内外学术会议上做特邀/大会报告五次(2010年美国、2017年瑞士和2019年美国的高登会议,2008年第五届东亚高分子学术研讨会,2013年全国高分子年会大会报告)。刘世勇教授入选2014—2017年Elsevier中国高被引学者"材料科学"名录、2016年度全球材料科学与工程高被引学者名单;先后获中国化学会-英国皇家化学会青年化学家奖(2009)、全国百篇优秀博士学位论文指导教师奖(2011)、中国科学院青年科学家奖(2012)、安徽省自然科学奖一等奖(2015);2014年获邀任英国皇家化学会会士。目前,刘世勇教授担任美国化学会 Chemistry of Materials 期刊副主编,先后出任10多家国内外著名学术期刊的副主编和顾问编委,包括 Macromolecules,Biomacromolecules,Science China Chemistry 及《高分子学报》《中国科学:化学》编委。近十年他已培养研究生23名,其中1位获全国百篇优秀博士学位论文奖,4位获中国科学院优秀博士学位论文奖,2位获中国科学院院长特别奖,7位获中国科学院院长优秀奖,1位获安徽省优秀硕士学位论文奖,1位获安徽省优秀博士学位论文奖,6位博士研究生获香港"求是"研究生奖学金,2位博士研究生分别获2010年度和2011年度教育部学术新人奖,共有8人次获研究生国家奖学金。

梁好均教授课题组从高分子理论的计算与模拟走进实验研究,从大分子粗粒化模型建立及多尺度模拟拓展到DNA粗粒化模型构建及DNA组装的研究,近十年来在DNA分子器件与自组装领域取得了一系列新进展。该课题组通过以单链DNA序列为输入信息,金纳米粒子组装的光学响应为输出信号,以toehold介导DNA链替换反应为程序设计语言,在实验上构建了各类DNA分子计算器件。该课题组首次将DNA分子机器用于驱动DNA修饰的金纳米粒子组装并构建了具有程序计算功能的DNA逻辑门(J. Am. Chem. Soc.,2012(134):10803);随后,通过计算机模拟设计优化toehold策略,将DNA分子机器驱动的金纳米粒子策略成功地用于高灵敏性单核苷酸多态性的区分中(Adv. Mater.,2014(26):6181)。该课题组进一步改进实验设计,克服了之前策略中反应位阻大、需要重复合成DNA修饰金纳米粒子的缺点,发明了一种基于DNA链替换反应的上游催化循环网络诱导的下层金纳米粒子组装体系,实现了0.44 nM单链DNA检测浓度,较传统直接加入DNA链策略检测限提高了约100倍;通过理论分析和优化链结构参数,该方法被应用于区分单核苷酸动态多样性,即在DNA单链上的任何位置,单碱基突变、插入或者删除都能被有效地识别(*J. Am. Chem. Soc.*, 2015(137): 14107)。此外,课题组还设计了一种全新的 DNA"组合底物"结构,用以抑制 DNA 反应体系的泄漏信号,相比于传统的底物,"组合底物"体系表现出更好的抗泄漏能力,同时也能赋予反应体系更优异的动力学行为。这种"组合底物"的设计颠覆了以往构建 DNA 复杂反应网络的底物设计概念,从而为 DNA 纳米科技领域的发展提供了新的思路(*J. Am. Chem. Soc.*, 2018(134): 10803)。梁好均教授在 DNA 分子器件和自组装研究方向取得的系列成果,对于 DNA 组装研究领域的拓展以及应用探究具有重要意义。

近十年来,梁好均教授承担国家自然科学基金委员会重点(大)项目及子课题 4 项、面上项目 3 项、国家杰出青年科学基金项目 1 项,以及其他部委科研项目共计 9 项。他以通讯(含共同通讯)作者身份在 *J. Am. Chem. Soc.* 上发表论文 4 篇,在 *Angew. Chem.*, *Adv. Mater.*, *Nucleic Acids Res*, *ACS Nano*, *Adv. Funct. Mater.* 上各发表论文 1 篇。梁好均教授受邀担任国际学术期刊 *ACS Macro Letters*, *The Open Chemical Physics Journal* 和 *International Journal of Polymer Science* 编委。

梁好均教授课题组博士生宋廷结和姚东宝获得国家奖学金,并分别获得 2015 年和 2017 年中国科学院院长优秀奖。博士生蒋滢现为北京航空航天大学教授,博士生陈鹏现为安徽大学教授,博士生李学进现为浙江大学教授,博士生黄福建现为中国地质大学(武汉)教授。

提高聚合物基因载体的转染效率是实现聚合物基因载体临床应用最需解决的难题之一。尤业字教授课题组针对阳离子聚合物与 DNA 复合、胞内释放装载的基因到细胞核进行转染、在血液系统中循环等三个主要过程中影响基因转染效率的关键科学问题,构建了胞内环境响应型聚合物基因传递材料。课题组针对含有—S—S—键的聚合物可以在胞内解体释放出 DNA 提高转染效率,但是合成含有—S—S—键的烯类聚合物困难的问题,设计了 RAFT 聚合-胺解-巯基偶联等合成新方法,构建了一系列含有—S—S—键的烯类聚合物基因载体。课题组首次发现即使这些聚合物不含有传统的荧光单元也能发荧光,可用于跟踪基因传递的过程;针对基因转染效率对复合体形貌有重要依赖性,但聚合物与 DNA 复合形成的纳米粒子的形貌难以控制的问题,揭示了不同拓扑结构聚合物以及纳米胶束压缩 DNA 的原理,控制了组装法控制组装体形貌,大大提高了转染效率;针对聚合物基因载体在血液环境中稳定性差的难题,课题组在详细研究离子诱导聚合物组装特性的基础上,设计了温度诱导 PEG 聚合物在纳米粒子表面自组装、自交联的新方法,实现了在载体外围生长一层胞内可自脱的壳及用红细胞膜与细菌膜包覆的复合物纳米粒子,提高了载体在血液环境中的稳定性和体内转染效率。

相关研究成果在 *Nat. Commun.* 上发表论文 1 篇,在 *J. Am. Chem. Soc.* 上发表

论文 1 篇，在 *Angew. Chem. Int. Ed.* 上发表论文 2 篇，在 *Adv. Mater.* 上发表论文 2 篇，在 *ACS Nano.* 上发表论文 2 篇，多个期刊报道了该方面的研究成果并给予正面的评价，如美国化学会的 *Noteworthy Chemistry*，自然出版集团的 *Asia Materials* 和 *Nature China* 等。英国牛津大学 Ogris 教授邀请尤业字教授为他的专著 *Nanotechnology for Nucleic Acid Delivery* 撰写一章 *Synthesis of bioreducible polycations with controlled topologies for gene delivery*。

王延梅教授从事生物大分子分离方面的研究，致力解决毛细管电泳分离蛋白质时检测灵敏度低的问题，提出将抗蛋白质聚合物和 pH 响应性聚合物相结合，组成聚合物混合物刷用于蛋白质的在线富集，通过这种方法可将检测到的溶菌酶信号放大 26 倍，溶菌酶的检测限达到 4.5 pg/mL，检测灵敏度提高了 1×10^5 倍，提供了毛细管电泳分离蛋白质的简单方法。

（四）光电功能聚合物材料

光电信息材料以光子科学和光子技术为背景，在量子光学层次上开展光与胶体、光与聚合物之间的相互作用研究，采用化学和物理手段可控制备多层级微纳结构，研制新型的有机、聚合物光子材料及相关器件。近期研究方向集中于光致电子转移反应、稀土掺杂聚合物光纤材料及其光纤信号放大、聚合物光纤光栅材料和性质研究、偶氮聚合物液晶的光致取向研究和新型非线性光学材料等。

利用太阳能将水分解产生氢气和氧气是生产可存储化学燃料的有效途径之一，也是清洁能源研究的热点。有机高分子半导体材料具有分子、电子结构可控的特点，是非常理想的光催化剂。在过去的 30 多年里，发展能在可见光范围进行有效纯水分解的有机高分子光催化剂仍然是一个巨大的挑战，其难点在于涉及和获取能带结构符合光催化纯水分解反应，同时满足驱动水氧化反应和质子还原反应过电势要求的高分子半导体材料。为此，青年教授徐航勋带领他的团队，制备出以 1,3,5-三（4-乙炔苯基）苯和 1,3,5-三乙炔苯为构建单元的超薄二维共轭高分子纳米片，理论计算表明，这种二维材料的能带结构符合光催化分解纯水的热力学要求，同时超薄二维片层结构可使光生电子和空穴快速分离到达材料表面，高效促进质子还原和水氧化反应。这种超薄二维高分子纳米片，能在可见光下高效分解纯水产生摩尔比为 2∶1 的 H_2 和 O_2，全光谱测量太阳能到氢能转换效率最高可达 0.6%，超过植物通过光合作用将太阳能转化为生物质的效率（约为 0.10%）。研究证明，1,3-二炔基团在材料结构中非常重要，为氧化还原反应提供了催化活性位点，为设计与合成高分子光催化剂提供了新的思路与见解（*Adv. Mater.*，2017(29):170242）。

自然界植物在进行光合作用时，水的氧化析氧反应与二氧化碳固定和其他还原反应分别在不同的催化活性中心进行，模拟自然界光催化反应进程，构建能带结构匹配的 Z 型催化剂体系为光催化纯水分解提供了可行的解决方案。基于上述设计思想，徐航勋教授团队找到了能带结构匹配的 C_2N 和 aza-CMP 二维共轭高分子，并提出构筑 C_2N/aza-CMP 范德华异质结作为新型的 Z 型光催化体系，实现了可见光催化纯水分解。他们还发现两者之间会形成非常好的共面异质界面，对催化性能有非常重要的影响；引入还原石墨烯作为固态电子转移剂，可以极大增强光催化体系的催化性能（反应速率提高 2 倍）；引入金属铂与氢氧化钴作为产氢和产氧助催化剂后，催化剂体系的太阳能到氢能的转换效率提高到 0.73％。系统研究证实，具有合适能带结构的二维高分子和范德华异质结的形成是实现可见光催化分解纯水的有效途径，为今后设计与制备实现光催化纯水分解的高分子材料提供了新的解决方案（*Angew. Chem. Int. Ed.*，2018（57）：3454；*Nanoscale*，2017（9）：4090）。

徐航勋教授还与江海龙教授、Texas A & M 大学的 Hong-Cai Zhou 教授合作，在超薄金属有机框架（MOFs）纳米片的高效插层剥离制备方面取得了重要进展。他们巧妙地利用一种具有化学活性的二硫插层配体，先使二硫配体插层进入层状 MOF 晶体中，再通过二硫键的还原断裂进程来调控层状金属有机框架（MOFs）的层间相互作用力，从而实现对金属有机框架（MOFs）纳米片的可控合成。该方法可以高效率（57％）制备单层的 MOFs 二维纳米片，制备过程反应温和，简单方便，改变制备反应条件可以得到不同厚度的 MOFs 纳米片（*J. Am. Chem. Soc.*，2017（139）：9136）。

上述基于二维共轭高分子纳米材料在光催化纯水分解中的研究发表后被 *Nanowork.com* 作为亮点报道，同时德国 Wiley 旗下的学术新闻媒体 *Materials Views China* 以《超薄共轭二维高分子实现高效光催化纯水分解反应》为题对上述研究成果进行了报道。

吴思博士是高分子系培养的优秀毕业生（从学士到博士），在德国马普所工作期间担任独立课题组组长，荣获"欧洲华人十大科技领军人才"称号，与国内科研单位开展合作。他指导的博士生/博士后有 3 人成为教授，多人成为副教授和讲师。吴思课题组围绕光响应的高分子开展基础研究，他们的研究成果对理解光响应高分子的结构、动态和性能之间的关系，解决光响应高分子材料的基本科学问题，拓展光响应高分子的应用性，有着重要意义。吴思教授于 2018 年 3 月被引进回系工作。

在含偶氮苯的光响应高分子方面，课题组设计合成了一系列侧链含偶氮苯基团的聚合物，该类聚合物可在光诱导下异构化，玻璃化转变温度相应改变，从而在室温下实现可逆固液转变，这项工作为调节聚合物玻璃化转变温度开辟了一条新的途径，在光响应自修复和光控可逆黏合等方面有巨大的应用价值（*Nature Chemistry*，2017（9）：

145);通过巧妙地将不同光响应偶氮苯聚合物层进行组合设计,得到了可同时利用紫外和可见光波段的太阳能热电池,具有很高的能量密度,且可显著提高太阳能利用率(*Adv. Energy Mater.*,2017(7):1601622);将偶氮苯聚合物与琼脂糖结合,设计了一种全新的太阳光驱动器,通过与压电转换器结合,可以实现便捷的光电能转换(*J. Mater. Chem. A*,2018(6):3361)。

在可见光和近红外光响应的含钌金属有机高分子方面,课题组将含钌的嵌段共聚物组装成不同的纳米结构,在红光照射下释放出钌配合物,同时产生单线态氧,从而抑制了癌细胞的生长(*Adv. Healthcare Mater.*,2016(5):467);在此基础上,设计合成一种以钌配合物为核心的嵌段共聚物金属药物,通过将光动力与光化学治疗相结合,首次实现含钌药物在生物体内对癌细胞的抑制作用(*Adv. Mater.*,2017(29):1603702);通过将含钌嵌段共聚物与抗癌药物相结合,解决了光动力治疗在肿瘤缺氧条件下效果较差的难题,实现了生物体内的近红外光动力治疗,为缺氧环境下聚合物抗癌药物的设计提供了一种新的思路(*Adv. Funct. Mater.*,2018(28):1804227)。最近,他们合成了一种钌配合物"分子螺丝刀",通过可见光控制的配位反应,该"分子螺丝刀"可以替换不同的"分子刀头",从而实现不同的功能。基于该类可见光控制的配位反应,开发出一种制备可重构表面的通用方法,实现了自定义重构材料表面的功能(*Nat. Commun.*,2018(9):3842)。

在基于上转换纳米粒子的近红外光响应材料方面,吴思教授深化早期研究,首次利用近红外光实现了马来酰亚胺与四氮唑温和快速高效的环加成反应,该方法同时适用于小分子偶联、高分子端基修饰以及高分子间的键接(*Angew. Chem.*,2016(128):12382)。

张其锦教授将基于纳米粒子多重散射的随机光纤激光的工作机制由非相干拓展到相干,构建出在极弱散射机制下工作的相干随机光纤激光系统,具有阈值低、方向性好等优点,有望应用于动态光疗与肿瘤探测、集成光学器件、无散斑全场激光成像等领域(*Phys. Rev. Lett.*,2012(109):253901)。

(五)通用高分子材料的高性能化

生物医用、光电信息、能源和催化等功能的高分子材料,是高分子科学领域的热点,也是催生高新技术的主要领域。高分子系在重视"高大上"科研的同时,也对关系国计民生基础的通用高分子材料给予关注。

在高分子材料加工领域,以聚乳酸为基体的可降解复合材料近年来受到广泛关注,但是聚乳酸是脆性且易燃的高分子,在实际应用中被严重限制。针对这一关键难题,王志刚等设计引入增韧剂和阻燃剂对聚乳酸进行同步增韧和阻燃改性。当阻燃剂含量为20%时,阻燃性能即可达UL-V0等级,氧指数为26.6,阻燃改性后的复合材料仍具有优异的力学增韧性能,这一进展对聚乳酸工程塑料应用方面具有重要意义(*Macromolecules*,2013(46):6555;*Macromolecules*,2017(50):6218;*Macromolecules*,2013(46):4772;*ACS Nano*,2015(9):271;*ACS Appl. Mater. Interfaces*,2014(6):13552;*ACS Appl. Mater. Interfaces*,2015(7):1364;*ACS Sus. Chem. Eng.*,2016(4):273;*ACS Omega*,2017(2):1886)。

瞿保钧教授和胡源教授长期合作,提出有机-无机杂化性能协同增强的设计思想,发展有机-无机杂化纳米结构的阻燃功能化新策略,实现材料的综合性能优化。针对纳米结构与基体或阻燃剂之间的相互作用力弱、纳米增强效率低的难题,他们提出"低维纳米结构增强效应""柔性链大分子梯度渐变界面能量传递"的性能增强机制,发展出基于柔性链聚合物和低维纳米结构的有机-无机杂化纳米结构制备新方法,实现了纳米复合材料的力学和热性能的同步提升。针对阻燃材料阻燃效率低、力学性能差的局限性,他们提出有机相本征阻燃、无机相物理阻隔和增强炭化,两相协同自由基消除和催化成炭的阻燃性能协同增强思想,发展基于阻燃有机分子和低维纳米结构的有机-无机杂化纳米结构的阻燃功能化新方法,实现材料的力学和阻燃性能的同步提升。瞿保均教授近几年多次入选全球材料领域高被引论文作者,2017年胡源教授也入选全球材料领域高被引论文作者。2017年,胡源和瞿保均等荣获国家自然科学奖二等奖。

目前,小分子抗菌化合物毒副作用大,容易产生耐药菌,天然抗菌防腐化合物来源有限,成本高,提取工艺复杂,容易被酶降解。针对这些问题,张国庆教授课题组开发出一种无毒副作用的水性高分子共聚物,合成条件温和、简单,生产成本大约为6万元/吨,可应用于抗菌、抑菌和防腐相关的日用化学工业、水处理、医疗卫生等领域,还可以作为抗菌剂添加到塑料、涂料等高分子材料中,也解决了小分子抗菌剂添加到高分子材料中存在的耐迁移性差、半年后无任何抗菌效果的普遍问题。从2015年5月起,课题组开始启动成果转化并组建创业团队,张国庆教授指导的博士生获第四届中国创新创业大赛安徽赛区总决赛第一名和全国第五名。该团队于2015年依托中国科大先进技术研究院,成立安徽启威生物科技有限公司,获得500万元首轮天使投资;成立长兴蓝杉生物科技有限公司(启威控股),落户浙江长兴,获湖州市200万元政府扶持基金。2016年6月,安徽启威生物科技有限公司又获安徽省高新投天使追投500万元。

葛学武与汪谟贞课题组利用多组分高分子合金辐射过程中所固有的界面反应特性,强化界面接枝反应,在不相容界面处原位生成包含两相长链结构的接枝或嵌段型共聚物,有效降低相界面张力,增加界面层厚度,有效提高不相容合金体系的各项性能,实现了辐射诱导自增容的目标(授权发明专利:一种 PET 合金材料及其专用增容剂与它们的制备方法,ZL 2009 1009 3026.4)。杨海洋副教授长期从事高分子溶液和溶液流变学的研究,致力于石油开采压裂液的流变学基础科学和材料问题研究,其研究成果"压裂液改性制剂"获得多家油田用户的好评。

(六) 科研平台建设

在平台建设方面,中国科学院软物质化学重点实验室于 2009 年 12 月 29 日正式获批成立。自运行以来,实验室充分利用中国科大多学科交叉的综合优势,联合高分子化学与物理、化学与化学工程、物理学科、生命学科的相关力量,围绕功能性软物质分子的设计与合成、软物质聚集态结构调控、软物质生物医药材料、光电信息材料和分离介质材料的制备与应用基础研究等开展广泛的创新性研究。实验室通过主持和参与国家各级科研项目,逐步完善实验室设备和条件,积累了雄厚的研发实力,成为国内高分子软物质材料研究领域一流的科研和人才培养基地。实验室目前拥有较完备的科研条件,科研用房建筑面积达 5500 平方米,各种实验设施完备,主要大型仪器有超导核磁共振谱仪、扫描探针显微镜、X 射线衍射仪、活细胞工作站等,总价值近 4500 万元。实验室自成立以来,形成了以中青年优秀科研人才为主的精干科研团队,现有固定人员 45 人(其中教授 29 人,副教授 10 人),兼职教授 2 名。实验室先后承担科技部、国家自然科学基金委员会、中国科学院以及安徽省各类纵向科研项目共计 200 余项,实到科研经费达 2.6 亿元;承担横向项目 40 余项,科研经费达 1200 余万元。

五、对外交流和社会服务

高分子系广泛开展国内外交流与合作,每年邀请 20 位以上国内外知名专家、学者来访,做专场学术报告,系内教师也积极走出去参加各类学术交流活动。通过这些交流,扩展学术研究思路,凝练学科发展方向,增进青年学者的学识和科研经验,扩大了高分子系的学术影响。

2017 年 9 月,来自国内外 120 余位高分子和软物质领域的专家、学者,参加了第四届中英大分子与软物质材料双边国际会议,探讨了高分子化学、软物质材料等领域的最新进展。副校长陈初升教授亲临会议并致欢迎词,张希院士、唐本忠院士、英国剑桥大学 Oren A Scherman 教授、比利时根特大学 Filip Du Prez 教授、可逆加成-断裂链转移聚合技术发明人 San H. Thang 教授、英国华威大学 David M. Haddleton 教授等 28 位国内外知名专家、学者分别做了精彩纷呈的主旨报告。2015 年 11 月,高分子系举办"2015 年软物质与纳米生物材料学术研讨会",近百名代表参加了此次研讨会。2013 年 8 月,高分子系主办第二届"中国软物质日"国际研讨会,美国科学院院士 David A. Weitz 教授、Paul Chaikin 教授、法国 ESPCI 的 Jerome Bibettej 教授以及国内外 10 多位著名学者应邀出席会议。2013 年 8 月,该系举办第三届海峡两岸辐射固化技术研讨会,参会人数有 90 人。2013 年 5 月,该系主办亚洲辐射固化国际学术会议,参会人数有 400 余人。2012 年 9 月,该系组织第四届中德化学前沿会议——化学与生物专题分会。2012 年 9 月,该系举办第三届中法高分子及软物质双边会议,15 位法国和中国科学家参加会议,江明院士与刘世勇教授、梁好均教授以及法国 Costantino Creton 教授共同担任会议主席。2012 年 9 月,该系主办第二届国际辐射固化产业发展论坛,出席代表有 220 人。2012 年 10 月,该系成功承办了第四届亚太辐射化学国际会议,出席代表有 200 余人,其中国外学者有 57 人。高分子系教师多次受邀参加国际会议,并做邀请报告。

2016 年和 2017 年高分子系先后邀请中国科学院化学研究所、北京大学和南京大学高分子学科的老师来校进行学术交流。2016 年 12 月,刘世勇教授带队,参加中国科大与华南理工大学第一届"木棉花开高分子学术交流会"。2008 年高分子系召开了安徽高分子物理实验研讨会,2009 年召开了全国高分子物理及实验教材编写研讨会,交流高分子物理本科教材、研究生教材和研究阅读参考书、辅导教材、实验教材的编写经验。

高分子系与国内产业界有着广泛的合作。施文芳教授、瞿保均教授和吴强华博士的紫外光交联电缆技术,在国内多家大型企业建立生产线,其紫外光交联技术已辐射到国内涂料行业领域。张志成教授和葛学武教授长期致力于印染助剂和环保涂料的辐射生产技术的应用,并以技术入股方式创办企业。张兴元教授长期从事水性聚氨酯的科研工作,与安徽省内外多家皮革、塑胶、纤维和涂料企业合作,开展技术和产品研发及转让。杨海洋副教授先后承担中国石油天然气集团有限公司、中国石油大庆油田有限责任公司和中国石油大学等多家石油企业和科研单位的研发项目,开发的压裂液和智能驱油剂得到了企业的高度认可。刘华蓉副教授与安庆石化腈纶厂合作,对聚合污水池中腈纶废料进行回收利用,开发出水煤浆的分散剂与稳定剂二合一产品,不仅为企业解决了环保风险,还创造出良好的经济效益。

高分子系在从事基础研究的同时,也重视与企业的合作研发。如刘世勇教授承担联合利华的个人洗护用品研发项目,王志刚教授承担多家塑料型材和器件企业的技术攻关,白如科教授承担航天材料及工艺研究所的材料研发任务,陈昶乐教授承担聚烯烃企业的新型聚合催化剂研制。何卫东副教授课题组自2017年9月起承担太空恒温介质的辐照评价实验。葛学武教授和汪谟贞副教授课题组与中国台湾长兴公司建立了长期的合作关系,并取得了令人满意的研究成果。十年来,高分子系先后承担企业科研项目37项,与8家企业签署人才培养合作协议,设立校企奖学基金6项。

第七章
化学实验教学中心

中国科大化学实验教学中心(以下简称中心)成立于 2000 年 3 月,2009 年 1 月被批准为国家级实验教学示范中心建设单位,2013 年 1 月通过教育部组织的验收,获批为国家级实验教学示范中心;以实验中心为主体的化学虚拟仿真实验教学中心于 2015 年 1 月获批为国家级虚拟仿真实验教学中心。

一、构建一体化、多层次的实验教学体系

化学实验本科教学一直秉承学校的优良校风和先进的教学理念,始终坚持"基础宽厚实、专业精新活"的原则,构建了"基础型-综合型-研究型"一体化、多层次的实验教学体系,面向 4 个学院 16 个专业的本科生,开设 20 门化学实验课程,并以化学与材料科学学院为依托,开展了形式多样的研究型实验教学与探索,包括大学生研究计划项目、支撑国家大学生创新性实验计划项目等。从基础知识、基本方法到综合实验、设计实验,再到研究实验、科研训练,多层次教学体系的实施对学生的学习能力和创新意识进行了全面系统的培养,教学质量逐年提高。年授课学生 2600—2900 人次,年人时总数为 19—22 万。

二、充分考虑化学学科发展的新特点和新规律,研究和开发六大模块的虚拟仿真实验教学项目,形成和完善了"虚实结合"的实验教学体系

化学主要是一门实验科学。然而,随着学科的发展,传统的化学实验教学已经受到了一些制约。1998 年诺贝尔化学奖颁给了两位量子化学研究者,且在颁奖公告中指出:"化学已不再是纯实验科学。"

"化学已不再是纯实验科学",传统的化学实验已经受到了一些制约。针对化学学科发展的新特点和新规律,中国科大化学实验教学在现有实验教学的基础上,从分子模拟计算、仪器仿真等多方面切实开展了虚拟仿真化学实验的教学探索和平台建设,研究和开发了六大模块、多种类型的虚拟仿真实验教学项目,用于辅助实验教学,实现虚实结合、相互补充,通过互联网实现资源共享。

例如,分子模拟计算是分子水平上的虚拟仿真实验,现已成为中心化学实验教学的重要内容。将量子化学计算方法用于化学实验教学,模拟传统实验手段无法解决

的问题,如材料原子空间结构、反应过渡态特征、表面吸附等基础化学问题。显然,量子化学或分子模拟的手段,可以帮助学生从分子层次上理解化学物质的结构-性能关系、动力学性质和反应特性,而这些通过传统的宏观层次上的实验室教学是很难做到的。

再如,"大型仪器虚拟仿真实验系统"的构建则是基于如下考虑,在化学实验教学中心现有的仪器分析实验教学平台上,已有十多种仪器设备被用于"仪器分析实验"课程的教学以及自主设计性实验(涉及至少12种仪器,开设12个实验项目,60个学时)。但由于大型仪器操作的高度自动化、内部器件又大且都被封闭,而且还受到仪器台套数和实际教学学时的限制,学生在每一个短暂的教学单元内很难做到熟练操作仪器或深刻理解仪器的工作原理。更有一些高成本的大型仪器目前尚不能用于开设教学实验。为此,我们构建了大型仪器虚拟仿真实验系统。

此外,高危实验虚拟化。虽然化学实验教学中心开设的实验教学项目已逐步推行绿色化,但是化学实验有时候会涉及特别有毒有害试剂的使用,或反应过程中产生特别有毒有害的物质,而这些实验对于学生掌握相关知识点、完善知识体系又是必要的。为了提高这部分实验的效果,化学实验教学中心制作了高危条件下的虚拟仿真实验,由教师演示整个实验操作,突出展示实验重点、难点和关键技术手段,并将整个实验过程制作成视频,发布在中心化学虚拟仿真实验教学网站上,供学生学习,作为实际教学的重要扩展和补充。例如,"柠檬酸法制备固体燃料电池SDC粉体"项目,用到少量稀土金属,且产品自燃后会带来一定程度的粉尘污染。基于对学生健康以及实验室安全的考虑,该实验并不适合在教学实验室中大面积地开展。中心要求教师完成整个实验过程,并拍成视频,学生通过视频学习,可以直观地了解SDC粉体的详细制备过程,观察反应体系形成溶胶和凝胶,直至发生自燃的化学现象。最后粉体在马弗炉里煅烧后检测,利用视频向学生展示产品理化性能的表征图谱,使学生进一步加深对产品性能的了解。

以化学实验教学中心为主体的化学虚拟仿真实验教学中心,2015年获批为国家级虚拟仿真实验教学中心。其中,"大型仪器虚拟仿真实验系统"于2016年获高等学校虚拟仿真实验教学资源建设成果奖一等奖。

三、逐步完善三大实验教学平台的建设

经重新优化整合,化学实验教学中心已形成三大实验教学平台:基础化学实验平

台、仪器分析实验教学平台和本研贯通综合化学实验平台。学校在政策和经费上给予了大力支持,确保了三大实验教学平台的有效建设。

按照学校规划,利用2012年暑假期间,中心整体搬迁至新建的环境资源楼,实际使用面积由4418平方米增至6500平方米。学校还投入近4000万元修购专项资金,用于环境资源楼(包含中心)通风设备、实验台柜及纯水和实验气体供应装置的建设。经过认真规划和个性化设计,中心实验教学条件得到跨越式提升,每间基础化学实验室的面积达到144平方米,并实现集中供应实验气体和纯水至实验台面。中心的教学环境和硬件设施实现了全面升级。

硬件设施的全面升级,再结合中心在实验教学体系、实验教学内容上的建设及成效,中心已建成具有中国科大特色的国内一流的化学实验教学示范中心,为培养创新型化学专业人才做出了贡献。

四、编写并出版化学实验系列教材

2009年以来,中心教师投入大量精力编写实验教材,已逐步完成"化学实验系列教材"的出版(表1)。2009年以来,中心开发的原创性实验项目也都被写进教材中。

表1 中心出版的"化学实验系列教材"

序号	名称	作者	出版时间	出版社
1	分析化学实验	金谷、姚奇志、江万权等	2012.8	中国科学技术大学出版社
2	有机化学实验	查正根、郑小琦、汪志勇等	2010.9	
3	化学工程基础实验	傅延勋、杨伟华、徐铜文等	2010.8	
4	仪器分析实验	化学实验教学中心	2011.10	
5	无机化学实验	无机化学实验课程组	2010.9	
6	高分子化学实验(第2版)	何卫东、金邦坤、郭丽萍	2012.9	
7	化学工程实验	冯红艳、徐铜文、杨伟华等	2014.2	
8	实用有机化学实验高级教程	汪志勇、查正根、郑小琦	2016.2	高等教育出版社

注:2008年10月还出版了《高分子物理实验(第2版)》。

五、新建大型在线开放课程"化学实验安全知识",创新安全教育模式

化学实验安全知识是学生进入化学实验室前必须掌握的知识,但是以前没有作为独立的课程开设,相关知识点主要在每门实验课程的绪论上,以集中授课的形式教学,或是在某个具体的实验项目中,教师根据内容有针对性地强调相关安全知识点。但是,"集中授课"和"课上强调"两种形式很难开展全面系统的安全知识教育。

鉴于化学实验安全知识分散、复杂、多样,中心尝试通过新的授课方式,即借助互联网平台创新安全教育模式,在国内高校率先设置了大型开放式在线课程"化学实验安全知识"慕课(Massive Open Online Course, MOOC),并与上述实际教学相结合,实现线上线下相结合的混合式模式,对学生进行系统的安全教育。2016年底该课程被评为安徽省优秀MOOC。目前该线上课程已在多所高校得到应用,以2017年秋季学期为例,线上学员覆盖了全国29个省、自治区和直辖市。

对于本校学生,中心实行实验室准入制度,规定进入中心学习的本科新生,需要完成相关的化学实验安全知识教育课程并考试合格,方能进入实验室进行化学实验相关课程的学习。例如,2017年秋季学期,化学与材料科学学院、少年班学院及地球和空间科学学院527名大一新生参与了线下考试,成绩全部合格。

学院于2015年开始对新入学的研究生进行专门的实验室安全教育培训,由学院安全与环境保护委员会成员授课,共计6次课。培训结束后进行闭卷考试,70分以上为合格,不合格的需要补考。原则上没有培训合格的学生不能进入实验室工作。从2018年开始,实验室安全MOOC也纳入培训内容,进一步提升了学生的安全意识和技能。

六、实现对大型仪器与药品的安全有序管理

为了确保实验教学资源的最大限度共享,为学生顺利完成自主设计性实验项目和各类科研实践活动提供有力的保障,中心对大型仪器实行信息化管理,以实现大型仪器的安全有序开放。此外,中心对药品也实行信息化管理,以实现药品的安全规范

使用。

1. 大型仪器安全有序管理

"仪器分析实验"是一门基础化学实验课程,在前期的学习中,通过 12 个实验项目,学生可以学习十多种仪器的基本工作原理和常规测试操作,在后期的设计性实验教学阶段,则由学生自行组合、自由选题,学生通过预约使用平台上的所有仪器,在教师的指导下完成实验项目。在其他课程的教学环节,也增加了研究型化学实验课程和较多的开放式、自主设计性实验项目的训练。

中心建设了大型仪器共享管理信息系统,对仪器分析教学平台实行开放式管理。教学时间段外,平台对本科生和研究生开放,学生通过培训考核获得系统授权后,经网上预约,在授权时间段内,通过门禁进入实验室使用所预约的仪器,系统自动生成使用记录等相关信息。

2. 药品信息化管理

中心还建立了化学药品信息化管理平台,实现对化学药品的购入、使用、销毁等各个阶段的动态掌握、安全使用和管理。

七、反应绿色化,减少或消除废弃物排放

在大学化学实验教学中,中心要求学生应该学会并做到如下几点:
(1) 熟知化学药品的性质,理解化学反应原理;
(2) 充分了解废弃物的组成和特性;
(3) 培养良好的自主回收废弃物的意识和习惯;
(4) 掌握废弃物的常规处理方法;
(5) 严格遵守《中华人民共和国环境保护法》等相关法规。

在此基础上,进一步要求学生了解绿色化学概念,增强化学绿色化的意识。通过一些实验内容的改进或关联性实验项目的设置,让学生亲身体会到只有把废弃物的末端处理变为从源头预防,实现废弃物的少排放甚至零排放,才是解决化学废弃物最根本的方式,这样化学就成为了真正的环境友好化学。下面举几个实例来对此进行说明。

小量化是实现化学实验教学绿色化的有效手段之一。虽然中国科大的"有机化学实验"课程项目采用常规的操作方法,但尽可能减少试剂的用量。如经典实验"乙酰二茂铁的合成",将二茂铁的用量从常量的 1 g 减少到 0.1 g,主要药品用量节约 90%,也有效减少了化学废弃物的排放和处理。

然而,因准确度要求,化学定量分析很难做到小量化,否则会造成实验操作误差大,终点变色不灵敏,甚至无法确认终点出现等问题。但"绿色分析化学实验的整体构建"这种教学体系的出现,为解决有害物质的处理问题提供了一种有效的途径。例如,经典的分析化学实验涉及的有害物质主要包括三大类:强酸(碱)、重金属离子(如Pb^{2+}、$Cr(Ⅲ、Ⅵ)$、Cu^{2+})和有机溶剂(如苯、氯仿)。这些物质的使用在教学过程中难以避免,关键问题是如何进行后期处理。我们采取了尽可能回收再利用的策略,大大降低了污染物的对外排放,同时也有效地降低了实验成本,更重要的是培养了学生"绿色化学"的意识。具体的方法如下:

(1) 强酸(碱)回收,作为下一年度"定量分析化学基本操作练习"的样品;

(2) 含铬废液的回收,作为同年度"含铬废液的回收处理及分析评价"的样品;

(3) 含铅废液的回收,作为下一年度"海藻酸盐微胶囊的制备及分析应用"的样品,因为微胶囊既可作为药物载体,也可用于重金属离子(特别是Pb^{2+})的吸附。

溶剂萃取是化学实验中经典的分离方法之一,但有机溶剂(苯、氯仿等)危害大,为解决这一问题,我们设计了"聚乙二醇-盐水体系分离富集和测定钴离子"实验代替传统的溶剂萃取实验,两者均为液液萃取,分离原理均是利用在两相分配的差别。

八、特别注重和大力加强专职实验教师队伍建设

正如2015年《中国教育报》对中心教师队伍建设所做的专题报道所说,以"为实验教师单开一扇门""提供良好的工作环境""尊重每个人的工作""发挥每个人的作用"等为主要举措,加强专职实验教师队伍的建设。

建立一支稳定的高水平实验教师队伍是中心稳固发展的根本。中心实行专职实验教师A/B课程制度,要求教师具备主讲A课程和辅讲B课程的能力,以促进教师业务水平的提高,充分发挥教师一专多能的特长。中心先后有4位青年教师被评为安徽省教坛新秀。在学校举办的五届青年教师教学基本功竞赛中,5位青年教师分获第一届二等奖(名次/总人数:10/28)、第二届一等奖(名次/总人数:5/28)、第四届三等奖(名次/总人数:6/30)、第五届二等奖(名次/总人数:3/26)和第六届二等奖(名次/总人数:3/23,最佳教学演示奖)。

中心注重对专职实验教师的培养,并出台了一系列倾斜政策鼓励教师积极参与教学研究,如申报教研项目、组织教学研讨、发表教研论文等。近十年来,中心教师先后主持28项省级教研项目,其中,6项为省级重大或重点教研项目,在核心期刊发表

教研论文100余篇,出版教材8部,在全国性教学研讨会做口头报告或分会邀请报告29人次,获国家级教学成果奖二等奖1项,安徽省教学成果奖12项,包括特等奖3项,一等奖3项。其中,

(1) 化学实验教学示范中心的建设与成效,获2018年国家级教学成果奖二等奖;

(2) "互联网+"背景下的化学实验教学中心建设及成效,获2017年安徽省教学成果奖特等奖;

(3) 化学实验教学中心建设及成效探索,获2012年安徽省教学成果奖特等奖。

稳定且不断提升的专职实验教师队伍,确保了基础实验教学质量的稳定和提高,为学生化学实验技能的训练打下"宽、厚、实"的基础。中心另有兼职教师40多人,他们都是各系教学科研岗的骨干教师,负责综合化学实验课程。中心已有4个课程组被评为安徽省教学团队。

此外,中心鼓励实验教师申报国家自然科学基金项目,有3位专职实验教师共主持了6项国家自然科学基金委员会面上项目。中心还承担了国家基础科学人才培养基金/人才培养支撑条件项目的建设,已建成化学生物学教学实验室和计算仿真教学实验室,用于实验教学。

九、开展各类科普教育活动,传播化学知识,吸引优秀青年学生学化学

一方面"请进来",通过科技开放周等活动吸引大众走进化学世界;另一方面"走出去",如受邀到安徽电视台制作系列科普节目,推出微信公众号"化学科普园地",传播化学知识。

科普教育层次化。开设"General Chemistry Laboratory"英文课,吸引少年班学院学生主修化学,化学科普公选课让大学生了解了生活中的化学知识。面向中学生开展高校科学营活动,举办了第29届中国化学奥林匹克(决赛)暨冬令营,朱平平作为带队教师参加了在格鲁吉亚首都第比利斯举行的第48届国际化学奥林匹克竞赛,中国代表队4名选手均获金牌,为唯一全获金牌的国家队。

《大学化学》主编特邀请中心为2018年化学科普特刊撰写2篇稿件。"色彩斑斓的自然,五颜六色的化学"入选2018年澳门科技活动周展品。在安徽电视台制作的系列科普节目深受大众欢迎。中国化学奥林匹克(决赛)暨冬令营安徽省队员中,有1/3进入中国科大主修化学。学习"General Chemistry Laboratory"的学生总结道:"我非常喜欢这门课!我打算主修化学!"

化学实验教学中心通过这些活动的开展,起到了很好的示范辐射作用。

附 录

在职教职工名单

化学物理系

陈旸　陈东明　陈艳霞　侯中怀　胡水明　黄伟新　蒋彬　江俊　李全新
李群祥　李微雪　李震宇　廖结楼　刘红　刘安雯　刘光明　刘世林　路军岭
罗毅　马运生　田善喜　汪文栋　王兴安　邵翔　吴奇　徐瑞雪　闫立峰
严以京　杨金龙　叶晓东　张群　张镇　周晓国　耿罡　李恒　刘璐
徐勇强　张印俊　郑晓

聘期制科研人员

江慧军　千坤　李连伟　李星星　邢晓晨　尤瑞　张国祯　张厚道

应用化学系

陈洁洁　傅尧　洪勋　季恒星　江鸿　李文卫　刘波　刘贤伟　穆杨
钱逸泰　盛国平　石景　童中华　王功名　吴亮　吴宇恩　熊宇杰　徐铜文
姚宏斌　俞汉青　张晓东　张颖　朱永春　唐勇　黄涛

聘期制科研人员

邓晋　高超　葛亮　龚天军　林宁　刘东风　刘武军　刘晓静　陆熹
尚睿　汪耀明　杨正金

材料科学与工程系

陈初升　陈春华　陈　涛　曹瑞国　初宝进　丁锦文　杜平武　傅正平　郝绿原
江国顺　刘　卫　陆亚林　马　骋　彭冉冉　武晓君　夏长荣　向　斌　徐　鑫
阳丽华　杨上峰　余　彦　章根强　张文华　朱长飞　朱彦武　高海英　刘伟丰
徐　军

聘期制科研人员

陈俊华　陈木青　焦淑红　刘　敏

化　学　系

崔　华　邓兆祥　淦五二　龚流柱　谷永红　顾振华　郭宇桥　黄汉民　黄光明
江海龙　江万权　金　谷　李　涛　李光水　刘建伟　刘扬中　刘　卫　梁高林
梁海伟　罗德平　罗时玮　马明明　邵利民　时　亮　宋乐新　宋钦华　唐凯斌
田仕凯　汪志勇　汪义丰　王　川　王官武　王细胜　王中夏　吴长征　吴守国
肖　斌　谢　毅　徐允河　徐小龙　许　毓　杨　晴　雍国平　俞书宏　张晓东
郑小琦　傅得欣　葛　袁　黄　涛　雷　璇　田晓波　虞正亮

聘期制科研人员

毕文团　高怀岭　韩志勇　康彦彪　李会会　李　彦　闵元增　沈　雯　史丽丽
宋　珊　汪普生　张清伟

高分子科学与工程系

陈昶乐　葛学武　葛治伸　何卫东　洪春雁　胡进明　金邦坤　梁好均　刘和文
刘华蓉　刘世勇　汪　峰　汪谟贞　王延梅　王志刚　吴强华　吴　思　徐航勋
杨海洋　尤业字　张国颖　张其锦　张兴元　朱平平　邹　纲　王尚飞

聘期制科研人员

陈　敏　刘固寰　肖石燕　张文建

化学实验教学中心

陈锴　方思敏　冯红艳　高明丽　顾静芬　郭林华　胡万群　黄微　柯玉萍
兰泉　李娇　李玲玲　李婉　李维维　刘光明　刘红瑜　刘济红　刘艳芝
罗如莉　邵伟　盛翔　孙晴　陶宁　田红军　汪红蕾　王晓葵　王钰熙
魏伟　吴红　杨凯平　姚奇志　查正根　郑媛　张万群

学院办公室

陈育新　丁家富　顾若水　霍磊　李世平　李雪　刘贤玉　倪东　孙静
王晓红　杨鑫　周小东　周婷　朱芸　陈炜（挂人才交流中心）

2009—2018 年曾工作过的教职工名单

白如科	蔡继宝	陈昊	陈小华	成国胜	程冰华	戴静华	范洪义	傅延勋	
高建峰	葛益三	顾洪举	郭丽萍	郭庆祥	何天敬	何友昭	胡萍春	胡祥余	
黄莉	贾唯实	贾新德	雷琼	李恩怀	李介夫	李珺	梁万珍	林祥钦	
刘溪杨	刘晓虹	刘杏芹	刘言款	刘有成	罗静	罗开富	吕选忠	芮蕾	
施文芳	苏庆德	孙婧	宛寿康	汪柱美	王路	王文楼	王玉霞	吴守国	
徐菱	徐维民	杨碚芳	杨萍华	杨伟华	姚宏举	姚连增	叶为英	尤田耙	
俞广仁	俞寿明	张玲	张广照	张国庆	张汉昌	张家龙	张立敏	张志成	
张祖德	郑化桂	郑新华	周慧琳	朱程轩	朱满洲	陶先刚	曾建雄	王均	

院系领导(2009—2018)

化学与材料科学学院(2009—2011)

院长：　　　　　李灿院士
执行院长：　　　杨金龙
院党委书记：　　葛学武
副院长：　　　　汪志勇　俞书宏　龚流柱

化学与材料科学学院(2012—2013)

院长：　　　　　李灿院士
执行院长：　　　杨金龙
院党委书记：　　葛学武
副院长：　　　　汪志勇　俞书宏　龚流柱
院长助理：　　　侯中怀　刘世勇

化学与材料科学学院(2014)

院长：　　　　　李灿院士
执行院长：　　　杨金龙
院党委书记兼副院长：葛学武
副院长：　　　　侯中怀　刘世勇　徐铜文

化学与材料科学学院(2015)

院长：　　　　　李灿院士
执行院长：　　　杨金龙

院党委书记兼副院长：葛学武
副院长：　　　侯中怀　刘世勇　徐铜文
院长助理：　　胡水明

化学与材料科学学院(2016)

院长：　　　　李灿院士
执行院长：　　杨金龙
院党委书记兼副院长：葛学武
副院长：　　　刘世勇　徐铜文　胡水明

化学与材料科学学院(2017—2018)

院长：　　　　李灿院士
执行院长：　　杨金龙
院党委书记兼副院长：葛学武
副院长：　　　刘世勇　徐铜文　胡水明
院党委副书记：闫立峰

化学物理系(2009—2010)

系主任：　　　包信和院士
执行系主任：　罗　毅
党总支书记：　闫立峰
系副主任：　　胡水明

化学物理系(2010—2013)

系主任：　　　包信和院士
执行系主任：　罗　毅
党总支书记：　闫立峰
系副主任：　　李群祥

化学物理系(2014—2016)

系主任： 杨学明院士
执行系主任： 胡水明
党总支书记： 闫立峰
系副主任： 李群祥

化学物理系(2016—2018)

系主任： 杨学明院士
执行系主任： 黄伟新
党总支书记： 闫立峰
系副主任： 李群祥

化学物理系(2018)

系主任： 张东辉院士
执行系主任： 黄伟新
党总支书记： 李群祥
系副主任： 郑 晓

应用化学系(2018)

系主任： 崔 屹
执行系主任兼党总支书记：熊宇杰
党总支常务副书记：周小东

材料科学与工程系(2009)

系主任： 罗宏杰
执行系主任： 陆亚林
党总支书记： 杨萍华
系副主任： 夏长荣

材料科学与工程系(2010—2011)

系主任： 罗宏杰
执行系主任： 陆亚林
党总支书记： 杨萍华
系副主任： 陈春华

材料科学与工程系(2012—2013)

系主任： 吴以成院士
执行系主任： 陆亚林
党总支书记： 刘伟丰
系副主任： 陈春华

材料科学与工程系(2014—2018)

系主任： 吴以成院士
执行系主任： 杨上峰
党总支书记： 刘伟丰
系副主任： 武晓君

化学系(2009)

系主任： 洪茂椿院士
执行系主任： 王中夏
党总支书记： 顾洪举
系副主任： 傅　尧

化学系(2010—2013)

系主任： 洪茂椿院士
执行系主任： 王中夏

党总支书记： 顾洪举
系副主任： 刘扬中

化学系(2014—2018)

系主任： 洪茂椿院士
执行系主任： 邓兆祥
党总支书记： 虞正亮
系副主任： 刘扬中

高分子科学与工程系(2009—2013)

系主任： 王利祥
执行系主任： 刘世勇
党总支书记： 何卫东
系副主任： 白如科

高分子科学与工程系(2014—2015)

系主任： 王利祥
执行系主任： 罗开富
党总支书记： 何卫东
系副主任： 陈昶乐

高分子科学与工程系(2016—2018)

系主任： 王利祥
执行系主任： 陈昶乐
党总支书记： 何卫东
系副主任： 汪　峰

本科生和研究生名单

2009 级

本科生

PB0903（52 人）

陈 成	陈俊豪	陈若天	陈 希	丁 超	高 静	龚健悟	郭 盛	郭镇坤	
胡慧敏	黄佳煌	霍羽佳	焦 峰	李康南	李梦阳	李生斌	李相文	李之昀	
梁栩豪	刘 畅	刘冬宇	刘古良	刘一帆	刘一鸣	吕乐天	罗镇威	毛俊骅	
孟光思	苗宇辰	倪宇飞	彭星星	阮世刚	史俊俊	汤城骞	唐 诚	王柏霖	
王 瑶	闻 扬	吴 昊	吴珊珊	伍陈诚	伍子夜	肖 璐	徐 鑫	杨佳斌	
运 辰	湛 诚	张娟洋	赵保安	郑时尧	仲心珏	朱天宇			

PB0914（48 人）

陈博学	陈 杰	陈 鹏	陈 希	方 洋	伏 启	何昱旻	胡 章	胡志浩	
胡志远	李 林	李秋洋	李维谷	李志昂	梁 宇	刘长辉	刘昊炜	刘 义	
罗 祎	欧阳蒙正		裴丹妮	乔 羽	商百慧	沈大成	孙子君	唐 健	
王 霜	王志强	奚 政	徐 进	晏子聪	杨英龙	叶枫叶	喻佳兵	曾永全	
张 浩	张 平	张旭东	章珺瑜	赵 硕	郑明浩	钟 浩	钟 玮	钟雄武	
周 瑜	朱 珠	朱濯缨	诸 锐						

PB0919（65 人）

安 多	陈子健	程青梅	崔龙灿	代保湖	丁 力	古力巴合尔·阿迪力			
丁 鑫	何 嵘	贺 宇	胡国香	黄海涛	黄 铮	蒋 缓	敬 波	雷华林	
李安琪	李 偲	李 坤	李 昂	李 琪	李 宇	刘 畅	刘 超	刘 芳	
刘龙飞	刘孟晓	刘湘根	刘晓阳	柳成荫	罗宇峰	朴俊宇	商昌帅	沈镇捷	

石　露　宋海杰　孙　冰　田慧杰　王　冰　王浩博　王梦静　王　嵩　王素萍
王　政　吴　钊　武　迪　肖　谦　肖天元　肖　啸　谢辰璐　徐超骏　闫　懂
严紫娴　杨晶晶　杨　帅　袁道福　张　杰　张　楠　张　宁　张　兴　张振东
章　琦　赵洁旻　赵金阳　周茂忠

PB0920(45人)
曹正炜　陈　彪　陈　伟　陈　新　冯　伟　富　昊　黄汉弘　黄鹏程　黄　晓
冀弘毅　雷陈奕　雷　依　李　辉　李经纬　李庆飞　李希明　李泽林　李志鹏
李竹韵　廖人杰　刘　峰　刘浩宇　马超骏　马婧媛　年世丰　秦　伟　邱昕恺
阮永金　汤　泉　王培龙　王世均　王思伟　王苏扬　王伟宇　王瑛珏　吴海霞
吾米提·吐尔逊　辛　璐　许小曼　俞　翔　曾文俊　张苏攀　赵　悦　周行浩
周逸城

硕士研究生

SA0903(35人)
陈博昊　陈　栋　陈　方　陈　琳　陈未中　陈武峰　付岑峰　洪成贵　黄伟伟
李春亮　李　坤　李连伟　刘露璇　刘园旭　毛可可　秦新明　石富城　孙广旭
汤志强　汪伟毅　王陈琛　王桂英　王　磊　王晓雯　邬宗芳　吴曼曼　冼俊扬
辛晓冬　邢新明　杨国民　余佶彦　臧建正　张志国　赵　毅　郑红军

SA0914(36人)
蔡　超　储沼泽　洪宁宁　黄　华　焦明之　孔维权　孔祥恺　雷志威　李　峰
李斯蓉　梁　艳　刘富品　罗永兰　钱　婧　钱　凯　任春雷　尚双银　孙东领
万玉藤　王海涛　王　楠　王逸飞　王运龙　魏　铭　吴六二　谢海兵　闫　楠
严　飞　杨　池　杨　军　余　洋　张发宝　张临超　张　鹏　郑光虎　钟　犨

SA0919(106人)
毕　夏　曹冬冬　陈　杰　段学友　高　展　龚天军　郭　蕊　何　毅　何红梅
何艳荣　何玉萍　胡　悦　黄裕熙　孔维丽　孔祥芝　李　江　李　萍　李　元
李丹丹　李会华　李家昆　李盼盼　历　彪　刘　槟　刘　刚　刘　婕　刘　佩
刘　锐　刘　嬿　刘培璐　刘晓静　刘秀玲　刘洋溢　龙　冉　鲁　平　吕园园
罗冬芬　罗宏伟　马　芳　马献涛　马艳梅　茅瓅波　牛焱焱　单雪影　商丽敏

尚　睿　　邵根荣　　佘文龙　　宋佳佳　　苏　雷　　苏艺明　　隋先伟　　孙会会　　孙利平
谭潇刚　　唐香玲　　田　瑜　　田翔宇　　汪　磊　　汪　鑫　　汪冬红　　汪婉萍　　王　焕
王　晶　　王　敏　　王凤亮　　王会巧　　王建勇　　王晓静　　王晓林　　卫新来　　位登虎
吴　华　　吴　芩　　谢俊峰　　谢元振　　徐　坤　　许德晨　　闫溢哲　　严幼贤　　颜世志
杨　晶　　杨付来　　姚　莉　　尹　锋　　游　训　　于秀霞　　袁　月　　袁正秋　　翟媛媛
张　锋　　李术洪　　张　倩　　张　祥　　张　旭　　张　燕　　张宏丽　　张少怡　　张燕丽
张一曼　　张振雷　　赵志强　　周明慧　　朱明山　　祝　维　　庄涛涛

SA0920(42人)
代晓辉　　邓　伟　　洪执华　　胡海波　　胡志家　　黄学凤　　姜文星　　姜琰琰　　冷　靖
李化玉　　李　梅　　李文林　　李　治　　马鹏举　　毛东琳　　聂　慧　　饶金安　　邵　宏
沈广勇　　史晓华　　檀　琳　　陶　静　　陶　俊　　田　姣　　汪丽娟　　汪　琴　　汪钟凯
王锋伟　　王浦澄　　王艳青　　王运龙　　武永皓　　谢　寒　　邢金星　　徐洪礼　　严　璐
杨　军　　章　庆　　赵　东　　钟　勇　　周　静　　周清清

博士研究生

BA0903(21人)
包蕙质　　陈凤贵　　高慧玲　　巩飞艳　　管兆永　　洪　飞　　胡　伟　　华　青　　廖玲文
刘少雄　　刘小兵　　茆　锐　　申传胜　　王永峰　　吴　斌　　吴　磊　　徐　可　　许令顺
严满清　　张　岩　　周丹娜

BA0914(23人)
陈木青　　陈　宇　　丁楚雄　　方　宏　　何　非　　贺贝贝　　李　飞　　李　纪　　李　娜
李　轫　　梁永立　　吕翠红　　孙武珠　　陶泽天　　王志平　　肖　进　　徐　佼　　杨力勋
杨文进　　杨秀芳　　尹良君　　岳文瑾　　赵　凌

BA0919(49人)
柴　颖　　戴建军　　邓　晋　　樊逢佳　　冯红彬　　韩士奎　　胡婧婧　　江　山　　李　婵
李敬发　　李品华　　李倩文　　刘　蕾　　刘　宁　　刘红瑜　　刘统信　　刘忠平　　陆　锐
马国林　　苗　涛　　沈　雯　　唐诗雅　　涂喜峰　　万常峰　　汪剑波　　王　璐　　王　娜
王彩华　　卫艳新　　魏　强　　吴雪松　　肖　华　　谢兰贵　　熊世权　　熊顺顺　　徐　芳
许学伟　　薛　燕　　闫　岩　　杨　萍　　杨楚汀　　杨翠凤　　张　放　　张　健　　张　丽

赵　跃　郑园琴　周　敏　朱　林

BA0920(22人)
鲍寅寅　党　政　邓明格　杜凡凡　方　敏　胡进明　黄福建　李昌华　李梓超
刘　磊　孙交通　孙　淼　孙武珠　田秀杰　吴立军　肖石燕　熊梦华　徐洪俊
徐文总　徐永飞　张　琪　张正辉

2010 级

本科生

PB1003(53人)
常起瑞　陈扶犁　陈　鹿　陈　微　陈文韬　陈悦天　董虹影　杜洪仪　龚　科
何嘉威　胡灿宇　蒋　峥　金　涛　李路路　李　旭　林楚红　刘　彬　刘　然
潘　麂　任煜京　阮诗祺　申琦琦　施　杨　宋　佳　苏瀚铨　孙　格　孙晓阳
汤毅杰　王思伟　王　薇　王笑宇　翁婷婷　熊　兵　徐　攀　薛佳伟　杨　磊
杨利霞　杨　洋　俞学文　郁　琦　曾　静　曾敏翔　张　丹　张寒辉　张梅琦
张　璞　张亦驰　张卓群　郑超伦　郑　欢　仲亚宁　周兆先　朱天宇

PB1014(52人)
阿不都依布　陈焕淋　陈　珏　褚曼曼　崔　嵬　郭雪峰　何　天　江　秋
江荧飞　姜天舒　琚　正　鞠一鸣　孔　旭　赖敏良　李　然　刘志雄　马　浩
倪　堃　年亚栋　彭　晶　钱宇弘　邵　伟　孙雪峰　汤昊明　万晴云　王登贵
王海超　王　晗　王鹤林　王　梓　魏嘉斌　乌云得力格尔　吴若飞　吴玉斌
武煜森　夏　攀　严　彬　严鹏强　杨成龙　杨明晔　余　波　余家帅　喻子豪
袁家鑫　袁　林　张神权　张亚琪　张　镇　郑婷婷　郑　洋　周志斌　祝庆贺

PB1019(64人)
曹秦静雯　车嘉华　陈智雄　杜一平　付　昉　龚雪君　郭　帆　韩政宇
何　达　何世江　何　涛　何　潇　何旭东　贺珍年　侯　宇　黄雪佳　黄志红
姜海霞　金　晔　李　好　李洪超　李令鹏　李任之　李　言　刘　传　刘晓阳
马赫骉　马　骁　邱圣祺　宋　佳　孙　梦　谭晓丹　童天喆　童　阳　汪　芳

王大顺 王浩 王俊 王梦然 王乔 王秋月 王素萍 吴刘海 向明远
徐斌 薛亚军 薛运 闫斐 杨焓铱 杨正 于淼 詹韦冲 张柏雄
张海军 张林 张秋池 张睿 张笑柳 张炎天 章路帆 赵垚 赵云旦
周艺 周莹莹

PB1020(43人)
阿茹娜 安琳娜 陈摇摇 陈元 崔民心 崔晓玲 邓昶 郭杰 韩威力
胡观泰 胡桐熙 黄鹏 黎献桦 李松松 李曦来 林振达 刘营营 卢海超
陆钊 彭常哲 彭康 邱凯翔 任怡文 石丹垚 隋学林 谈晋宏 王子集
夏佰成 徐小林 殷国君 尹帆 俞锴 袁协尚 张田慧 张欣雷 张震
章紫覃 赵驰 郑焱 仲珩 周兼 庄德辉 庄严俊

硕士研究生

SA1003(41人)
毕培燕 常芹芹 高玉仙 樊凯利 葛晶 顾忠 何超 贺晨 巨明刚
康婧 赖斌 李红春 李红凯 李树贤 李新飞 李星星 刘彬 刘珉
刘香 龙运超 罗亮锋 马素兰 倪磊 潘志超 齐晓亚 孙海峰 谈艳
王翠 王晓燕 王钰熙 吴丹 杨帆 杨晶 于先琴 袁成飞 袁青
袁燕妮 曾宪金 张尊彪 章舟 朱九方

SA1014(36人)
鲍永生 陈健 陈龙 党军杰 方玮 葛文 洪涛 黄妍 姜婕妤
孔令军 李秀玲 刘畅 马图腾 马小航 倪彬彬 潘鑫 曲抒旋 滕飞
汪恒 汪志全 王德钊 王佳庆 王建林 王怡 王一休 王宇 王云兰
卫涛 徐浩然 袁荣华 云宇 臧永 张庆平 赵元 朱莉琼 郗强强

SA1019(97人)
包健 曹方方 陈殿峰 陈桂焕 陈曼 陈伟 陈琰 陈祝 褚培娜
崔梦冰 丁道俊 樊龙 范聪敏 范广鹏 高怀岭 高鹏 郭建华 郭利娟
郭明春 郝巧燕 何程林 皇锐 黄建洲 江钧 蒋原野 李芳 李姗姗
李师圆 梁剑文 刘皓 刘景辉 刘淼 刘响雷 刘旭 刘亚飞 刘照静
刘姿 马缨 孟丽 苗庆庆 裴继影 邱丹凤 曲艳超 邵志成 苏毓菡

孙兴霞	孙　旭	唐安明	唐　林	陶建龙	汪普生	王二琼	王洪玉	王黎丽
王龙飞	王培龙	王文亮	王雪梅	王　岩	王　琰	王　勇	吴海边	吴宁宁
夏成望	夏　娟	肖祖峰	熊　璐	徐　杰	徐　坤	岩芳芳	晏新程	杨　扬
杨真真	杨志伟	于晓芳	余　军	翟文强	张　帅	张百群	张　珺	张晶晶
张　莉	张雪瑞	张志丹	郑　傲	郑向欣	郑亚荣	周超群	周　泓	周　磊
周玉凤	周玉梅	朱　峰	朱海洲	朱洪影	朱云城	左振霞		

SA1020(43人)

陈　坤	陈　龙	陈　梅	陈明明	陈　妮	邓义鹏	范　溦	韩丽芬	胡晓然
江丽花	蒋　峰	李冰心	李景国	李军配	李　敏	李欠标	李　庆	刘　栋
马　亮	马秀侠	彭　腾	冉　瑾	盛俊芳	宋　楷	宋廷结	汪　津	汪枭睿
王　帝	韦承莎	翁汉钦	向丽娜	徐萍萍	阳京京	杨　静	雍怀松	昱万程
张　冲	张　好	张　洋	张玉娟	章亚琼	周卫青	朱　红		

博士研究生

BA1003(19人)

常苏捷	陈　兵	胡乃银	胡　伟	马会利	陶　骞	王加军	王　涛	魏　锋
夏宏伟	夏　磊	邢　涛	徐　勇	徐云峰	闫丽娟	姚国华	翟　起	张翠梅
张　珍								

BA1014(28人)

冯绪勇	郭宏艳	何　炜	李欣益	李志华	凌意瀚	刘　俊	刘强春	刘　通
刘跃专	刘张波	饶媛媛	史子木	孙文平	孙　毅	唐家业	王国强	王　瑶
徐　颖	许邹明	杨林梅	叶英杰	袁　超	张江伟	章文峰	钟炳伟	周　军
朱志文								

BA1019(58人)

曹春艳	陈洁洁	陈立锋	陈思明	程道娟	褚　健	邓　云	付松鹤	高令峰
郭锋锋	郭旺军	郝建文	黄耀兵	江桃山	蒋　杰	黎先发	李会会	李漫波
李　娜	李运峰	林小城	刘　文	刘武军	罗靖艺	毛　毛	梅　涛	潘　涛
任　磊	宋　琎	苏义坦	王　恺	王琳琳	王　倩	王振涛	吴福芳	吴锦景
吴青青	郗照勇	邢　政	徐　娟	徐　俊	徐　鹏	徐运军	易　钧	于晓锋

于　洋　　俞玉琪　　臧国龙　　张传玲　　张学彬　　张永刚　　赵黎博　　赵林泓　　赵　岩
朱百川　　朱海鸥　　朱金保　　朱三娥

BA1020(18人)
曹付虎　　陈丽娟　　程　盛　　丁　伟　　胡祥龙　　季　翔　　梁书恩　　刘　斌　　刘　涛
沈　冉　　王　东　　王同心　　王　影　　吴冶平　　徐华国　　余志强　　张克宏　　张　龙

2011 级

本科生

PB1103(54人)
阿拉法特·阿地力　　　　曹　辉　　陈佩瑶　　陈仁立　　陈　阳　　崔　雷　　邓　勇
杜宇翔　　冯夏宇　　付亚丰　　巩亚迪　　韩　羽　　洪　伟　　贾雨熹　　姜博睿　　金　瑞
金新晔　　景宗杨　　康虹健　　李晨宁　　李广宇　　李含潇　　李激环　　李心逸　　刘　畅
刘晨璇　　刘正茂　　卢柄璋　　罗永双　　马　飘　　彭伟超　　彭展涛　　宋家宇　　孙　鹤
王恒伟　　王若星　　王　需　　韦丹丹　　吴俊驰　　武冀文　　谢永杰　　许文聪　　杨剑雄
杨　颖　　杨知宇　　尹　瑞　　袁庆盼　　张丰羽　　张雨宁　　赵坚强　　赵黎明　　赵宇舟
郑华飞　　庄　萌

PB1114(58人)
白炜琛　　蔡卫征　　陈亚飞　　陈摇星　　董　宽　　韩　菲　　何秀峰　　胡金童　　胡　敏
蒋华杰　　柯佳鑫　　雷　腾　　李思哲　　李昕昊　　廖家英　　廖键莹　　刘同与　　刘心佛
卢一若　　雒超飞　　买尔吾甫·米尔扎提　　庞　欢　　彭歆艺　　彭雨粲　　乔　婵
史宇辰　　苏传阳　　谭　洋　　陶明远　　王嘉义　　王　焜　　王　庆　　王思杰　　王　勇
温力先　　向俊翔　　谢　怡　　徐　策　　徐鹏平　　许望伟　　许星星　　杨　赫　　杨彦平
叶仕凡　　余子锐　　袁纬兹　　曾庆庆　　曾双双　　张付瑞　　张昊天　　张文旭　　张彦瑜
赵万鹏　　赵子昂　　郑皓天　　周　洁　　朱思遥　　朱哲圣

PB1119(64人)
陈宁静　　仇启明　　邓瑞显　　邓　禹　　杜耕宇　　范雨濛　　冯梦凯　　龚　福　　桂在岳
郭洋昆　　贺　超　　洪自勇　　胡　晓　　黄才浩　　黄庆国　　黄筱睿　　霍艳坤　　贾　菲

江文斌 孔 娜 李博誏 李 琛 李 豪 李梦君 李 彤 梁陆军 刘 津
刘开元 刘睿超 刘 帅 柳星辰 么世博 孟庆磊 闵耕凡 隋 丹 汪峻苇
王 冠 王冠华 王继勋 王力为 王馨博 王艺杰 王与麟 吴炜鹏 熊汉津
徐 略 薛 磊 杨一诺 姚悦喆 张柏雄 张国豪 张嘉晖 张 磊 张 磊
张敏杰 张秋歌 张文豪 张文昭 张一鸣 张芷媛 郑 昱 周翃羽 朱 慧
邹 安

PB1120(51人)
曹 辉 陈朝奭 陈文辉 陈闻天 崔晓玲 董雪皎 葛 雷 葛源源 郭步云
黄启燊 姜中雨 蒋 媛 李 冬 李美霖 廖玉丹 刘 畅 刘昊宇 刘 建
刘 杰 刘明珠 刘英杰 龙尚华 卢国瑞 罗斌斌 邱家华 饶建成 沈佳丽
沈 伟 施雨辰 孙文慧 涂 青 屠鸣伟 汪洋洋 王艾伦 王彬力 王 绪
王祯宜 王子集 吴筱然 熊伟麟 杨迎凤 姚奉奇 于雪澜 张可璇 张 文
张雅婷 赵科峰 钟风靖 周 瑞 庄德辉 庄毅炜

硕士研究生

SA1103(42人)
白西林 陈 剑 陈士龙 陈玉贞 邓淑梅 丁 怀 丁良兵 傅立轶 高丽君
高 治 关道尚 韩阿丽 胡嘉华 胡 麟 华 赞 黄 佩 黄文婷 姜沛汶
金跃康 孔 源 雷 霆 刘吕丹 刘 宁 马少君 潘志君 蒲明锋 邱秉林
孙中发 汪 鹏 王春雷 王 进 王 利 王中磊 王 子 夏 楠 徐 婷
杨金先 叶传香 叶绿洲 张德萍 朱 青 朱志业

SA1114(41人)
陈斌斌 程 斌 韩裕汴 胡 衍 胡巍巍 黄一敏 季巍巍 鞠江伟 鞠立成
李晓宁 潘 斌 任益充 石 朕 宋俊达 宋书祥 苏 峰 孙书杰 孙 信
谈紫琪 汪 松 王 静 王俊伟 王 荣 王振斌 王智文 王仲涛 文怀梁
谢丽欣 谢 威 杨 欣 杨勇强 姚 丹 袁晨辰 张富山 张 华 张 军
张开胜 张 娜 张 彧 周 傲 卓之问

SA1119(114人)
柏 彧 蔡海婷 陈蒙远 陈 敏 陈修华 陈 贇 程建宇 程岚军 程秀芬

丁言军　范　翔　范　允　方　驰　方　位　符　洁　付　亮　高凌峰　高　山
高　上　葛　进　郭经宇　韩俊成　何　佳　胡　萍　胡彦宾　黄　刚　黄　森
黄云泽　霍　伟　蒋晨啸　金莎莎　景向荣　柯庆青　李　波　李　进　李　靖
李玲丽　李龙龙　李　娜　李　南　李姗蔚　李晓娜　李　娅　李泽军　梁　军
林治岐　刘丹卿　刘丁嘉　刘　蕾　刘　蕊　刘　爽　刘文静　龙璆璐　卢倩倩
卢秀利　陆　玮　陆　熹　路大鹏　马欢玥　马　杰　钱晓波　钱银银　区然雯
邵　琪　师红东　司露露　孙丰钢　陶忠林　滕　越　田　科　田立娇　童　遥
王丁俐　王金龙　王利利　王　平　王莎莎　王婷婷　王维康　王　炎　王　燕
吴　丹　吴振禹　肖　旭　谢佳芳　谢双双　徐靖坤　徐禄江　徐　清　徐荣荣
严　欢　阳　缘　杨广西　杨　霞　杨　珍　杨正坤　叶　芳　叶嘉茜　尹培群
虞柯洁　张　琪　张　胜　张　泽　张祯琦　张志鑫　赵祺平　赵玉梅　周典兵
周梦光　周晓丽　朱奎正　朱小姣　朱晓波　左　勇

SA1120(47人)

白　静　陈乐辰　陈李萍　陈胜麒　陈宇浩　戴静闻　邓正玉　丁　月　方　超
冯天时　葛雪松　郝　翔　胡文龙　纪又新　李保章　李　辉　李宁宁　李　爽
李　伟　李自力　林福星　刘　琳　刘　青　刘瑞杰　刘松涛　吕　玲　马广磊
马义丁　米　赛　朴寄纲　邱　亮　孙　康　田斯丹　汪太生　王宝龙　王龙海
王瑞鸥　吴　荣　谢李昭　许洋洋　俞　雷　张宪哲　张学鹏　赵林玲　郑　燕
朱康宁　左明艳

博士研究生

BA1103(22人)

陈博昊　陈未中　陈武峰　范明慧　付岑峰　柯　飞　李红举　李连伟　刘园旭
毛可可　孟强强　秦新明　孙广旭　汪伟毅　王　磊　王晓雯　邬宗芳　邢新明
杨国民　余佶彦　臧建正　张志国

BA1114(23人)

蔡　超　黄　华　孔祥恺　雷志威　李　峰　李斯蓉　刘德雄　刘富品　毛可可
钱　婧　任春雷　孙　文　唐祥虎　王葵葵　王运龙　魏　铭　温建武　吴六二
吴　贞　杨　驰　张临超　张瑞龙　张雁祥

BA1119(72人)

曹冬冬	储菲菲	丁　静	冯承涛	高　展	葛　亮	龚华旭	龚天军	管美丽
郭　飞	郭　蕊	何艳荣	何　毅	何玉萍	胡万群	黄裕熙	孔维丽	李丹丹
李道波	李家昆	李　江	李　彦	历　彪	刘　槟	刘　锐	刘晓静	龙　冉
罗冬芬	罗宏伟	马献涛	茅瓅波	钱婷婷	尚　睿	邵根荣	沈　楠	谭潇刚
唐振科	陶阿丽	汪婉萍	汪　鑫	王会巧	王建勇	王晓静	王晓林	王亚琴
王允坤	位登虎	吴　华	吴　芩	谢俊峰	徐　坤	徐　亮	许德晨	闫溢哲
严幼贤	杨付来	杨　叶	姚　莉	尹　锋	游　波	游　训	于秀霞	袁　月
袁正秋	张　锋	张宏丽	张　旭	张学奇	张振雷	赵　博	朱明山	庄涛涛

BA1120(25人)

程德书	邓　伟	方华高	郭文营	胡志家	姜琰琰	李俊江	刘固寰	沈广勇
宋丽贤	檀　琳	陶　静	田　姣	汪钟凯	王锋伟	王鲲鹏	王浦澄	王运龙
谢　寒	谢同庆	严骏杰	张文凤	张文建	赵　东	周庆同		

2012 级

本科生

PB1203(55人)

曹焕强	曹　群	曾龚尧	陈　杰	邓若燚	邓恬然	杜俊腾	杜文鹏	樊　凯
范云珠	付思文	高崧淇	郭　睿	华天鹏	黄林坤	黄之导	金　鑫	孔祥栋
李璟奭	李旻鸷	李荣坦	廖加健	林雁戈	刘　军	刘宗鸿	陆思齐	吕睿阳
吕治衡	倪　镛	祁一峰	沈　杨	石尊文	苏　杰	汪泽中	王骏豪	王　翔
吴若昕	夏彤岩	肖丽娜	肖　润	徐文慧	许睿恺	闫增元	尹　涵	余　赟
虞叶卿	张百成	赵　乐	赵英程	赵智豪	周　洋	朱兆武	庄毅敏	邹宛雪
邹　祝								

PB1214(55人)

安兴达	柴雅卉	陈冬晓	陈豪初	陈枭懿	陈　懿	杜旭涛	符冠瑶	郭凯丽
何超华	何灵欣	黄纳西	贾开诚	蒋立峰	金　涛	赖雪全	李昊杰	李雨农
梁佳晟	梁　爽	林志宇	刘　斯	卢　姝	栾志文	吕梦洁	马赫一	马新雨

毛晟葳　钱宇颖　邵　笑　邵泽伟　司　洋　汪津琛　王瀚仪　王禹苏　王玉佳
王　喆　王志勇　魏向阳　吴　民　吴　泼　熊亦民　徐濠洋　徐希晨　闫鹏飞
杨仕哲　杨　爽　杨　益　殷　勤　于晓溪　虞　雷　运经纬　张　猛　张　明
邹玉煌

PB1219（63人）

阿力木江·阿普赛麦提　陈冠霖　陈　琳　陈务远　陈　夔　陈羽翔　陈振轩
程怡然　崔羽思　邓海韬　丁一凡　樊洋洋　范　博　方志伟　费　凡　高　寒
贺　爽　侯鹏程　黄超凡　黄森涛　黄中岳　江伟韬　巨　力　孔一帆　李　昊
李　宽　李　帅　李　晰　李　阳　李泽宝　刘昊天　刘　静　刘立岩　龙大诚
鲁人杰　罗运成　舒　禅　苏天顺　孙绎尘　万雪颖　汪天仪　汪　云　王　辰
王　涵　王　昊　王思雯　王天翔　王玉凤　王煜东　伍　含　伍鹏霖　邢伟龙
徐　璇　徐依玲　杨运程　翟羽佳　张宝昌　张晨龙　张伊略　赵晓明　周冠男
周　鑫　周星怡

PB1020（45人）

曹士彦　陈冠宇　陈　光　陈嘉豪　陈嘉仁　邓　懿　丁　亮　杜嘉俊　方泽华
费乙洋　冯　悦　龚韵齐　胡　航　黄文环　贾子阳　金　凡　柯　婧　李思雨
李星翰　梁晓芳　廖　凡　林日政　刘福宁　刘雅芝　刘　懿　陆　骏　伦正言
马胜祥　马　越　潘治蒙　任玉玉　孙振波　唐　辰　王潇乾　王新宇　文金国
文　铭　吴　诚　严康宇　姚婕好　张敏豪　郑艺婷　周　强　周宇豪　祝　渊

硕士研究生

SA1203（40人）

操德文　曹　天　陈宗威　何政达　胡　婕　黄　云　李　攀　米诗阳　宋俊喆
谭子斌　陶雷刚　汪　栩　王国兵　王克盛　王龠君　王旭东　王　岩　魏　伟
吴二龙　吴天敏　吴向坤　吴小平　武改美　夏文奇　熊　锋　许　云　宣传进
杨　丽　杨未来　杨雪琴　姚　瑶　叶　贵　臧　行　张瑞奇　张雅静　张振华
赵小琴　周巧慧　朱德清　朱卫多

SA1214（41 人）

包守信　陈海平　陈　彤　陈　翔　程建秀　顾健强　管　剑　侯　杰　胡波兵
惠丽伟　纪　磊　江天甲　李建民　李　梅　李文娟　蔺　杰　刘纪湾　刘孝武
刘　艳　马冰冰　孟钰清　潘国兴　邵　宇　沈　梦　施小会　孙中体　陶柱晨
王国鹏　王梦姣　王少峰　温鹏超　吴昊天　夏　飞　谢月明　谢云涛　鄢志萍
杨　雷　杨文强　殷小丰　于杏杏　曾林超　曾文聪　张　壁　朱诗悦　邹邦坤

SA1219（113 人）

鲍　颜　蔡赛虎　陈鹏作　陈雅丽　陈亚利　陈怡欣　成万民　程秋实　代春光
代瑞寒　代胜瑜　戴玉梅　丁　韬　方玲玲　冯　亚　高惠惠　杨　玉　葛倩倩
郭晓奇　韩晓三　何传书　何从发　何东芹　侯观花　胡剑杨　胡　磊　胡　玮
胡屹伟　霍颖超　申晓菲　姜胜鹏　蒋金辉　康　菲　李　超　李　宠　李功玉
李明丽　李　双　李　彦　李忠原　连小磊　梁　倞　林　宁　刘炳瑞　刘凯庆
刘文静　刘晓英　刘晏伯　刘友文　卢磊磊　陆晓雨　陆勇泽　马认认　马思阅
马新娜　潘文静　潘欣荣　潘　钊　邱海滨　饶州铝　商任远　盛　捷　时　琛
舒江南　苏　伟　孙妍妍　田　东　田樊樊　汪继聪　汪岩山　王　斌　王　成
王纯德　王福祥　王海斌　王　菊　王利民　王　胜　王伟娟　王亚洲　卫　浩
吴兵兵　吴佩煜　吴子夏　许光月　许　杨　严　龙　颜　亮　杨　东　杨厚云
姚成鹏　姚传志　姚　倩　姚　瑶　姚子露　余莲莲　余自友　喻　樊　袁斯明
曾冰茹　张开龙　张利影　张明鑫　张清莉　张　巍　张小龙　张晓宇　赵　莉
郑　珍　周加辉　周　旋　朱　睿　祝闪闪

SA1220（44 人）

艾克热木·牙生　白龙超　陈　翔　陈晓锋　陈　胤　方　浩　韩　钰　李军杰
李昕阳　李薛宇　李　阳　马　超　牛少敏　潘　超　史恩台　孙　伟　孙幸幸
唐　森　汪　杰　汪俊阳　王　蓓　王怀伟　王佳军　王俊芳　王维康　魏　锴
夏宏燕　谢云云　许相川　杨　光　杨　露　姚东宝　殷镭城　余　波　余瀚森
曾　来　张　珂　张　泽　赵小玉　赵晓颖　赵忠强　郑侠俊　周洁梅　朱绍林

博士研究生

BA1203（22 人）

陈　方　陈　琳　高丽君　高玉仙　葛　晶　何　超　胡嘉华　黄文婷　姜沛汶

巨明刚　李红春　李树贤　李星星　罗亮锋　马少君　倪　磊　潘志超　孙海峰
谈　艳　王　利　王晓燕　王钰熙　杨　晶　杨　军　Munir

BA1214(36人)
陈冠雄　陈桂林　陈　健　陈　龙　笪　诚　葛　文　韩阿丽　何　锐　洪　涛
胡巍巍　黄　妍　黄治冶　李维汉　李秀玲　林扬明　刘迪龙　刘　宇　马图腾
马小航　王德钊　王佳庆　王建林　王　健　王小兰　韦　娟　卫　涛　魏芳芳
夏　娟　袁荣华　云　宇　臧　永　张洪华　张庆平　赵英国　赵　元　郗强强

BA1219(79人)
柏　嵩　包　健　陈殿峰　陈高礼　陈桂焕　陈　曼　陈　伟　程从亮　程芹芹
崔梦冰　樊　龙　斐继影　高怀岭　高凌峰　郭建华　郝巧燕　胡　鑫　黄建洲
江　钧　蒋原野　李　芳　李　波　李　刚　李海根　李晓娜　梁剑文　林治岐
刘景辉　刘　淼　刘响雷　刘秀玲　刘洋溢　刘照静　卢明祝　鲁　平　马　亮
苗庆庆　母哲轩　努扎艾提　　　　师红东　宋项宁　苏艺明　隋先伟　孙　旭
唐安明　唐　林　陶建龙　童　彬　完玲中　汪普生　王富强　王洪玉　王龙飞
王　敏　王培龙　王维康　王文亮　王　勇　王云琦　夏成望　谢元振　熊　璐
徐　杰　杨　洁　杨志伟　于晓芳　余　军　翟文强　张晶晶　张　莉　张　胜
张　祥　赵雪宇　郑亚荣　周超群　周梦光　朱　峰　朱洪影　朱云城
Mazloom　　　　Mohammad Masem Hossain

BA1220(28人)
陈　妮　陈钱宝　邓义鹏　高　鹏　贺　晨　蒋　峰　李军配　李　敏　李欠标
李　庆　马广磊　马佳俊　苗继斌　潘杰峰　冉　瑾　盛俊芳　宋廷结　田玉奎
汪枭睿　韦承莎　翁汉钦　谢同庆　昱万程　张　冲　张学鹏　张玉娟　章亚琼
朱　红

2013 级

本科生

PB1303 (60 人)

白　斌	曹力夫	曹逸轩	曾　睿	陈　宁	褚腾远	鄂文龙	范　敏	冯瑞璐	
高伟哲	葛冠群	郝玉浩	何　云	衡友山	洪樱月	胡子洋	姜瑞丰	金若星	
李　柔	李子渊	梁济雄	林昕怡	刘畅鑫	刘德光	刘吉人	刘书彰	陆佳妮	
路增奇	罗勇冠	罗之恒	宁一凡	潘昀悠	彭佳鑫	齐天泽	秦金钊	谭玉欣	
谭　卓	汪思衡	王　鼎	王光涵	王嘉楠	王泰然	王天宇	王钰晶	王　震	
魏柯成	吴文勇	肖子歆	谢佳豪	熊　瑞	熊世杰	杨向飞	张　超	张大卫	
张雪娇	赵　伟	赵　越	仲晨昊	周浩东	周金通				

PB1314 (55 人)

陈甜甜	陈　潇	陈玥西	方　明	高德祥	高汎怡	高鱼越	郭超舫	郭世威	
何　坤	何亚楠	贺　飞	贾韵理	蒋明杰	焦国泰	匡　文	李柏杨	李能旭	
李潘龙	李泽睿	李子玥	刘琳琪	潘　磊	钱若婵	墙子跃	卿　晨	屈丹琦	
任晨浩	沈世行	施天琦	时若鸿	孙中凯	唐浩文	汪　睿	王海川	王浚儒	
王郑天野		王　卓	文　玥	吴　榕	谢焕玉	徐　玲	杨宜昊	叶梦珊	
于慕凡	于子桐	余辰飞	袁启宸	袁瑞琳	张冬岩	张晗钰	张思远	张　壮	
郑大塘	周绍达								

PB1319 (66 人)

曾　靖	茶理德	陈佳瑞	陈南杉	陈　蹊	陈　勋	楚肇雄	崔　恺	范　阳	
高尔泽	郝小涵	胡宏泽	黄　婕	黄晟龙	冀晓洋	简　单	赖　超	黎芮含	
李焕然	李明达	李牧遥	李晓鑫	李雪健	李玉辉	李钟灵	林　达	刘　璐	
刘　悦	鲁人杰	马英杰	冉俊杰	邵宽亮	石　嵩	宋　睿	孙　悦	谭元刚	
汪仲儒	王　帅	王子涵	吴婧婧	吴敏松	吴秋实	吴思宇	吴子昊	夏　彤	
徐士博	许绵乐	许哲远	杨泽艳	姚　凯	姚禹传	余宗祐	袁瑞涵	袁远程	
张丰绪	张浩然	张晶朋	张　蕾	张　羽	张昭晗	赵港南	赵乐陶	郑金钊	
郑天骅	朱秋雨	朱盛杰							

PB1320(46人)

鲍润学	陈汝慧	陈玉根	邓炜婷	董岩松	付轶群	侯智耀	黄月洲	吉武良	籍文波
李 睿	李树森	李雪臻	李玥颖	梁烁丰	刘 东	刘 赫	刘嘉欣	刘仪轩	刘 玉
陆俊其	鹿建华	罗福帅	明斯亮	祁梦燕	沈 波	沈沛鸿	施 翼	宋其芸	涂孟非
王 鑫	吴芳武	夏树山	谢 闯	徐奕璇	杨 林	尹捷凯	张家浩	郑 佳	郑铭光
周书宇	朱 赟	祝沁易	庄炜文	邹 浩	左 帅				

硕士研究生

SA1303(52人)

曹 凯　曹丽娜　陈俊豪　陈少华　范雪琳　高亚婷　何 嵘　胡先锋　黄德平　霍羽佳　江道传　寇 然　李 浩　李磊磊　李梦阳　李湾湾　梁 昊　凌金飞　刘古良　刘慧慧　刘慧丽　刘俊旭　刘 乐　刘先利　刘亚男　刘 研　刘一鸣　任牧青　施 宏　宋王琴　孙光辉　汤城骞　唐国强　童 静　王惠敏　王 晶　王晓丽　吴 昊　吴文龙　伍子夜　谢茂林　徐 飞　许鹏林　薛 鹤　杨吉林　姚 琪　易 洪　余海山　袁道福　张 雷　张 璐　章振林

SA1314(45人)

陈海燕　陈佳凤　陈 攀　崔璋璋　杜青霞　伏 启　宫 正　何 浩　何振宇　黄 建　贾洪兴　江 玉　金 松　金 鑫　李 林　李志昂　刘长辉　吕海峰　潘福森　孙子君　唐仲丰　万阳阳　王绍蒙　王 霜　吴水林　徐 进　徐路路　薛 聪　杨 阳　杨征辉　张骏翔　张瑞瑞　张玉月　章珺瑜　郑明浩　钟 浩　钟雄武　周鹏程　周万丰　周 扬　朱先军　朱 珠　诸 锐　纵 旭　邹 维

SA1319(142人)

白 巍　鲍亚捷　陈 诚　陈 亮　崔 磊　崔龙灿　戴 楠　戴为灿　丁 鑫　方国胜　房田田　冯 佳　付明臣　葛婧捷　耿一昆　巩 莉　桂 阳　海子娟　韩 铮　韩智莉　郝施玲　何军勇　何 振　贺玉彬　贺增洋　侯之国　胡必成　胡 欢　胡应立　胡增文　黄贵凤　李 兵　李德昌　李 杰　李 坤　李 兰　李 磊　李丽君　李 亮　李 琪　李强强　李珊珊　李晓港　李兴亚　李兴宇　李亚男　李亚萍　李 阳　李 宇　梁林锋　梁前茅　梁秋菊　梁栩豪　林华辰

刘畅	刘杰	刘卡通	刘丽	刘蒙蒙	刘赛赛	刘世江	刘松	刘小菏
刘晓庆	刘晓阳	刘云	罗宇峰	马岚	毛亚	孟非凡	宁小山	裴丹妮
邱丽	任世超	荣庆	荣蕊	尚蒙娅	沈忱	宋海杰	苏永亮	汤文武
童赟	涂乐志	汪伟	汪正运	王冰	王成强	王楚亚	王丹凤	王厚锋
王立文	王淼	王青山	王睿	王少林	王嵩	王亚慧	王苑樱	王振玉
王政	王智华	吴红	吴青云	夏洪城	夏修阳	徐海群	徐涛	徐元子
徐志平	许玲	许艳华	颜瑞	杨波	杨会凯	杨猛	杨思瑶	杨璇
姚佳坪	叶枫叶	殷跃	游洋	虞盛松	张东阳	张杰	张娟	张俊立
张楠	张信	张雪倩	张亚娇	赵峰	赵坤	赵欣	郑洪星	郑勇
周彬斌	周茂忠	周玉晓	朱柏生	朱纯洁	朱凤铃	祝玉超	Bakht Zada	

SA1320(49人)

常杰	陈彪	陈金星	陈伟	程驳非	段国伟	樊宇佼	冯伟	高静
韩晓航	胡晓慧	黄汉弘	黄浩智	李慧	李敏	李鹏云	李秋云	李子健
刘峰	卢晓霞	吕晓琴	马涛	戎佳萌	宋宏光	孙先宝	汤泉	陶真
汪翔	王程	王骏恺	王蕾	王攀	王鹏	王文韬	王瑛珏	吴震
徐栋	许小曼	薛翔	杨佳	杨玉芬	张娜	张强	张雅琳	周操
周丽琴	周翔	朱海锟	朱玉					

博士研究生

BA1303(30人)

白西林	毕培燕	曹仲林	陈士龙	丁怀	丁良兵	傅立轶	胡麟	黄佩
金跃康	康鹏	雷霆	李喜玉	刘吕丹	潘志君	蒲明锋	邱秉林	王春雷
王进	王子	夏楠	徐畅	严欢	杨金先	叶传香	叶绿洲	叶盛
张德萍	朱志业	Munir Muhammad Waqas Ali			Munir Ullah Khan			

BA1314(31人)

鲍俊杰	陈龙飞	程斌	杜袁鑫	胡衍	季巍巍	贾芳	靳千千	鞠江伟
李晓宁	刘香	任益充	苏峰	孙书杰	孙信	谈紫琪	谭季波	滕越
汪松	汪志全	王博伦	王俊伟	王宇	武其亮	杨勇强	袁晨辰	展德会
张华	张军	张彧	卓之问					

BA1319(76人)

柏 彧	陈现民	陈玉贞	陈 赟	程岚军	程秀芬	代春光	戴春华	丁倩倩
丁 冉	董 玲	杜娜娜	杜 蔚	方 驰	方 位	付 亮	高 山	葛 进
葛晓琳	郭红燕	郭经宇	韩冬冬	韩俊成	胡彦宾	黄 刚	黄云泽	蒋晨啸
李慧慧	李 靖	李 磊	李玲丽	李 娜	李 南	李 盼	李姗蔚	李泽军
刘 爽	刘晓川	龙琭璐	卢倩倩	卢秀利	陆 熹	罗发宝	钱 进	钱银银
司露露	司马小峰		孙丰钢	陶忠林	田 科	田立娇	王金龙	王骏杰
王利利	王晓群	王 炎	王 燕	吴学雷	吴 云	吴振禹	肖祖峰	徐靖坤
徐清阳	缘	杨文龙	尹培群	张 铖	张 琪	张祯琦	章晓炜	郑向欣
周典兵	周晓丽	朱 海	朱小姣	Zaher Shah		Kishore Pothula		

Muhammal Imran Khan   Erigene Bakangura

Ebrahim Alkhalil Mohamed Abdalmouty Ahmed Mohamed

Muhammad Ammar Bin Yousaf   Shaista Qamar

BA1320(29人)

白 静	陈乐辰	陈李萍	陈 敏	陈胜麒	陈宇浩	戴静闻	邓正玉	丁言军
冯天时	李 辉	李 爽	李 伟	李自力	林福星	刘 琳	刘松涛	吕 玲
马义丁	朴寄纲	邱 亮	田斯丹	汪太生	王龙海	王瑞鹍	谢李昭	许洋洋
袁 明	朱康宁							

2014 级

本科生

PB1403(55人)

曹致宇	陈 瑜	陈 征	陈子昊	董清源	董 煜	杜鸿旭	段 迪	付良飞
付毓珏	高 铭	高士棋	顾新雨	郭 文	韩兆阳	黄昆基	黄绪伦	李彦博
李元铭	李子慷	廖智晖	刘乾昊	刘天霖	刘 杨	刘洋洋	卢沁怡	陆军安
莫林擎	蒲正天	乔冠儒	孙天铭	孙啸尘	覃 院	童国昌	涂智杰	王海洋
王易佳	夏思远	谢景琛	辛 悦	徐传韬	徐敬远	许嘉诚	严弘毅	颜沛阳
杨 磊	叶祖洋	易振宇	易治宇	袁长赫	岳思渊	查何辰宇		张晨光
张 政	章 焱	赵 天	赵翼飞	钟程安	周 媛	朱明东		

PB1414(50人)

陈博文	陈静逸	陈昕然	陈亚威	陈　洋	戴逸舟	丁一伦	董玉龙	高　曼
高煦宁	辜浩然	黄伟强	郭　嘉	李岱旺	李静怡	李玉达	梁永祥	刘桥溪
刘逸飞	刘梓白	罗大文	马舒易	倪乾坤	沈康泽	沈　彤	谭浩成	王德利
王　辉	王嘉雯	王　静	王　鑫	王一达	王　莹	王泽锟	肖景昱	杨双羽
杨夏筠	杨绪峰	叶亚东	于　萌	于英涛	郁　明	袁　梦	张浩然	张霄霆
赵　桐	赵　萱	赵云龙	周晋贤	朱孟锦				

PB1419(77人)

蔡子健　曹玉腾　陈瀚霖　陈筠怡　陈　琳　陈　昕　陈　阳　戴心尧　冯子谋
郝梓凯　黑靖皓　洪　亮　侯席葳　侯志永　胡立恒　胡攀文　江　宸　江子潇
金修聿　居征宇　柯明坤　李朝航　李承宇　李东岳　李怀志　李瑞成　李　志
李壮壮　梁　鑫　梁　旭　刘宸宇　刘　怡　刘宇丹　刘子悦　罗锦涛　马康玲
马志涛　倪大保　欧阳振宇　　　　施　雯　石宝奇　石　嵩　苏汉宾　唐　道
王传浩　王高崟　王倩倩　王圣棋　王宇琪　王　月　王泽宇　魏玮琛　吴景行
肖博涵　徐元泰　许扬旌　薛梦琳　薛　松　言　璐　杨　樊　杨　晗　姚彩霞
于天泽　余元顶　喻颖杰　张博超　张浩然　张明恺　张　雯　张筱雪　张振宇
张子行　赵叙言　赵　璋　郑雪麟　朱　煜　朱紫熹

PB1420(40人)

常梓轩　陈珊珊　陈书涵　陈曦明　程　翔　单思桢　高子亚　郭　宁　何玉龙
何玥颖　胡泳逸　黄慧娟　黄子超　季姝辰　李　政　林振达　刘　驰　罗　霄
毛选之　潘鸿儒　钱　淦　任祎清　邵建铭　汤星宇　汪铭阳　王博宇　王静瑶
王宇笛　王志胜　魏中人　伍　豪　谢东灼　徐梦凡　徐项鉴非　　　　许天照
杨俊楠　尹　皓　张凯彬　张　翔　张　易

硕士研究生

SA1403(55人)

曹　慧　陈　麂　陈　飔　陈　微　陈文韬　陈　昭　杜洪仪　杜明利　范海艳
高小飞　苟永亮　胡少进　胡　霞　黄瑞杰　黄　炎　姬丽丽　金　凤　李　丹
李国栋　李俊杰　李路路　李任之　李怡霞　李逸凡　李志豪　刘　芹　刘小峰

刘心爽　卢晓晓　缪　月　阮诗祺　阮　政　石何霞　宋雨晴　孙旸云丽
陶晓萍　王康平　王文元　王正明　卫　怡　魏亚雄　吴道荣　薛佳伟　杨龙清
杨　敏　杨彤彤　姚繁繁　叶春苗　郁　婷　张寒辉　张　剑　朱波星　朱东波
朱　杰　朱丽娟

SA1414（45人）

陈焕淋　陈季芳　陈泽志　崔胜胜　程　涛　单　铎　丁瑞艮　杜　娟　高　峰
顾　文　郭亚丽　宦道明　李　丹　李　言　李一航　刘　克　刘　通　卢　宁
倪　堃　潘　祺　孙　琪　王大勇　王鹤洋　王梦琳　王亚光　王妍妍　王长来
王志杰　魏绍娟　吴　影　武煜森　夏国良　杨成龙　杨明晔　叶江林　于　冉
岳秋地　张立建　张　璐　张泰铭　章小同　赵本亮　赵　健　周蔚然　周玉婷

SA1419（149人）

毕志豪　蔡国瑞　蔡兴国　蔡元超　常婷婷　陈　凯　陈庆霞　陈石穿　陈书森
陈智雄　陈玉婷　谌思芹　储国超　崔　冕　丁　辉　丁占岭　谷小敏　关艳芳
韩赫兴　韩　莹　何畅天　何盼盼　何钦业　何世江　何旭东　贺　芳　侯剑秋
侯林逍　胡灿宇　胡　怡　黄　海　黄　亮　吉　婷　焦星辰　靳继康　景　昆
蓝　云　雷克朋　李　斌　李　晗　李洪超　李璐璐　李　蒙　刘　奇　李亚男
李扬杰　李遗祥　李　毅　李迎运　李　喆　林　丹　林昊升　林作敏　刘　格
刘国强　刘　焕　刘　梅　刘　鹏　刘向阳　刘小好　刘小梅　刘新鑫　刘雅婷
刘正立　卢丽亚　罗阿云　吕芝丽　马　骁　马严富　闵　迪　么艳彩　宁殿华
潘重庆　潘　麒　钱　朋　邱圣祺　任　奕　邵　伟　史天洋　阮毛毛　施露安
宋胜金　宋晓君　孙嘉男　孙立军　孙　琦　孙　媛　田璐璐　童　阳　汪雯岚
王海洋　王会会　王　欢　王　洁　王　珏　王美美　王秋月　王　涛　王　婷
王　雪　王　欣　王　亚　王艺碹　王雨薇　王悦靓　吴　海　吴佳静　吴　军
吴思凯　武　迪　徐嘉麒　徐梦雨　徐正阳　许亚楠　闫自强　晏秀男　杨　波
杨传旺　杨　宁　杨其浩　杨倩倩　杨　芮　杨校宇　杨　滢　杨　越　尹　琦
尤本武　于帮魁　余新玲　喻楚国　翟勇祥　张爱文　张　聪　张骏祥　张　琳
张　顺　张听伟　张续成　张艳敏　张义恒　钟兴巧　周　驰　周　杰　周囡清
周锡兵　朱　瑞　庄美慧　庄严俊　Noor Ul Afsar

SA1420(47人)

崔民心	邓 昶	邓 亮	杜海琴	杜 敏	方 楚	符腾飞	高 昭	郭宜君
韩 克	胡金刚	胡晓倩	黄 鹏	黄晓雯	雷 珊	李佳敏	李兰兰	李 娜
李 翔	刘 超	刘福坤	刘迎迎	刘云飞	毛 珂	彭 康	隋学林	王 涛
王 晓	吴 婷	夏佰成	徐超然	徐陈涛	叶志枫	查增仕	张 丹	张冬华
张红莉	张欣雷	张 焱	张 颖	张 震	赵 驰	赵丁雷	赵凯杰	郑 焱
朱 雷	邹文平							

博士研究生

BA1403(27人)

曹 天	陈 剑	陈宗威	何 嵘	何政达	黄 云	孔 源	李 攀	梁 军
梁立嗣	刘 阳	陶雷刚	汪 栩	王翕君	王旭东	魏 伟	吴天敏	吴向坤
吴小平	杨 丽	袁道福	臧 行	张瑞奇	张振华	周巧慧	朱卫多	
Nestor Uwitonze		Fawad Ahmad						

BA1414(35人)

曾林超	陈 翔	崔璋璋	杜真真	顾健强	管 剑	侯 杰	胡波兵	惠丽伟
纪 磊	李建民	李 梅	李志昂	蔺 杰	刘孝武	路大鹏	孟钰清	邵 宇
苏建伟	孙中体	陶柱晨	王方方	王国鹏	温鹏超	吴昊天	杨 雷	殷小丰
张 壁	朱诗悦	朱先军	邹邦坤	Rana Muhammad Irfan		Mujtaba Ikram		
Sayed Ali Khan		Mubashar Nadeem						

BA1419(78人)

鲍 彦	蔡赛虎	陈蒙远	陈鹏作	陈 青	成万民	程秋实	代瑞寒	丁 韬
方玲玲	房新佐	葛倩倩	何传书	何从发	何东芹	胡 昊	胡 磊	胡 涛
胡屹伟	霍颖超	江天甲	蒋金辉	孔维俊	李 超	李功玉	李 磊	李 双
李忠原	连小磊	梁 惊	林 宁	刘炳瑞	刘 翠	刘凯庆	刘友文	卢磊磊
陆晓雨	陆勇泽	马思阅	潘文静	潘欣荣	潘 钊	彭 旭	钱 晨	钱 俊
邱海滨	申晓菲	盛 捷	舒江南	苏 伟	田攀攀	汪岩山	王 斌	王纯德
王福祥	王 辉	王 林	王 胜	王晓农	吴兵兵	肖娟定	谢佳芳	徐禄江
严 龙	杨 东	杨厚云	杨 洋	杨 玉	姚传志	姚子露	余自友	袁斯明
张开胜	郑 珍	周加辉	朱 睿	Kamana Emmanuel				

BA1420(30人)

艾克热木·牙生　陈晓锋　代胜瑜　韩俊东　李军杰　李　阳　马　超　潘　超
孙　伟　孙幸幸　唐　淼　汪　杰　汪俊阳　王　蓓　王佳军　王维康　魏　锴
吴子夏　夏宏燕　谢云云　杨　光　姚东宝　殷镭城　余瀚森　俞　雷　张　珂
张　泽　赵忠强　周洁梅　Abhishek Narayan Mondal

2015 级

本科生

PB1503(55人)

曹文挺　陈凌波　陈扬萍　程　曦　程志强　崔世勇　迪丽扎泰·赛米　郭振江
韩建平　韩子盟　郝一平　何娟荞　何允杰　胡　韬　金子建　蓝宜丰　李东晗
李江南　李　泽　刘慧杰　刘思睿　卢傲然　骆　俊　吕　冬　毛凯天　彭严德
任晓前　沈子杨　施佳峰　舒　畅　宋阿泥　孙太平　汤瑾瑶　唐云强　万家豪
万司聪　王崇彪　王　孟　王思博　王仲晗　韦淼今　韦忠钦　吴钟义　夏筱茜
肖　强　秧荣凯　杨吉文　余子雨　虞浩磊　张城博　张涵飞　张晚依　张兴民
钟若雷　周家孝

PB1514(41人)

鲍承锴　曾　薇　陈　洋　谷歌谣　姜惟汉　焦文中　孔涛逸　李承尧　李强强
李秋雨　李　伟　梁嘉韵　刘　辉　刘琦潭　刘千赫　刘山清　刘仲禹　罗　旋
马太高　马万路　盘江禹　舒皓年　宋泽晨曦　覃茂桐　唐丁柯　田　昳
王靖霖　韦　婕　吴　思　吴文栋　谢明哲　徐　锐　杨成林　于文昊　于文太
张超辉　张家栋　张宇驰　张宇卓　周　信　朱一铭

PB1519(65人)

安素明　安子鹏　陈　军　陈莉莉　陈鹏浩　陈奕均　董科技　杜俊杰　龚　琪
何小溪　贺周易　华紫辉　黄明灿　黄雁翀　纪静远　江国润　孔雅静　李　兵
李春雨　李　莉　李林格　李　肖　李　鑫　李怡漩　梁浩浩　梁伟昊　林　云
刘敏芊　刘思杨　刘　洋　刘雨童　马　欢　马佳彪　木丽德尔·热斯别克

苗金标	倪慧琦	努尔艾合买提·麦麦提		齐燕处	沈宜锡	石子琦	苏昊
苏天宇	孙月祥	谭凌伟	谭鹏举	谭霄楠	谭璇衡	谭毅	万佳为	王亚琛
吴大超	吴杰	吴浔	吴泽宏	席大为	杨肇峰	于天泽	余兆聪	喻颖杰
岳子棋	张弛	张明铉	张震坤	朱盈沛	朱振宇

PB1520(40人)

程宏	程昱迪	邓琮之	杜蒙	范玉麟	郭涛	韩汶衍	胡洁平	吉骏恺
贾雯姗	金汉青	李春红	梁僮僮	林思捷	牟锦华	欧阳文柏		祁冰洁
唐珙根	王明君	王希琳	王艺宁	吴启樵	吴啟然	向钊林	肖杰	薛恒
杨佳臻	杨子越	姚旭	姚振宇	移光耀	阴仁勇	翟泽华	张航	张旭
张胤泰	赵汉秦	周灿	周陈雪	朱健和

硕士研究生

SA1503(55人)

柴鹏	常瑞	常尧	陈娇娇	陈玲玲	陈仁立	董希泽	范伟	冯梦凯
冯青青	顾继强	顾景旺	光天磊	贺凡	胡玉洁	华泽丰	黄丽丽	黄清娥
黄晓惠	贾启芳	李皎皎	李淑玲	李团伟	李向阳	李喆	李振兴	连雷雷
刘丹丹	罗璇	孟杰	桑继伟	师晓宇	司马鹏	唐驰	汪珩	汪文婷
王恒伟	王延茹	吴春晓	吴玉	夏玉佳	谢李燕	谢婷	徐森	闫旭鹏
杨晶	杨小龙	于同坡	袁盼	曾祥忠	张金潇	章轩语	赵王辉	朱人伟
祝亮

SA1514(47人)

柴胤光	常芙嘉	陈明龙	崔佳萌	董宽	段北晨	胡乔	胡欣萍	黄强
黎超群	李静	李筱婷	廖家英	林晶晶	林秋云	刘杰	刘萍	刘启世
雒超飞	苗利娜	钱佳丽	钱满满	史蒱	孙得娟	孙乐	孙喜珍	孙学梅
孙兆威	谭文周	汪凤宇	王海云	王向阳	向俊翔	谢云	徐鹏平	杨海
杨赫	姚雨	叶仕凡	张海丰	张凯	张磊	张猛猛	张艳	郑皓天
朱留洋	朱哲圣

SA1519(148人)

| 白林凤 | 曹开明 | 常西浩 | 陈常斌 | 陈春辉 | 陈丹丹 | 陈坤 | 陈佩瑶 | 陈文静 |

陈祖高 程晗 笪秉超 代鹏飞 单祥欢 邓瑞显 丁琳琳 丁婷慧 丁翔
杜婷 段玉 凡佩 范孝忠 高森 葛先进 龚家春 关倩倩 桂宗祥
郭璞璨 何磊 贺超 侯旭东 胡阿娟 胡康飞 胡敏 胡晓 胡亚林
黄贵祥 黄健丰 黄晋 纪文根 黄瑶(有机) 黄瑶(分析) 贾闻达
江文斌 蒋华杰 靳友祥 孔莹莹 蓝鸢 冷福成 李辰轩 李闯 李浩
李金丹 李祈利 李胜军 李艳娟 李翌甲 李正浩 凌丽丽 刘航 刘娇
刘开元 刘双娜 刘伟帅 刘铁男 刘占 刘紫薇 卢越 马林林 马致远
孟婧 倪柳松 牛闯 潘攀 彭湃 彭勇 齐静 任梦婷 沈宏城
沈贤城 苏明雪 孙贤顺 倘路路 陶仁杰 田瑶 王承宇 王程鋆 王冠
王辉珍 王坤华 王苗 王帅 王贤斌 王小龙 王小敏 王晓倩 王彦
韦梦醒 魏巍 温力先 吴澄帆 吴栋 吴耕 吴俊驰 吴霜 吴炜鹏
武春艳 武田田 夏慧敏 谢娟娟 谢世波 熊伟麟 徐彩云 徐梦 徐婷婷
徐万飞 徐永健 许康力 许天俊 许婷婷 许有国 杨静 杨一诺 杨尊
游苏 于上海 余友杰 张奔 张倩 张庆 张伟(分析)
张伟(环境) 张雨宁 赵爱侠 赵汉卿 赵坤 赵雪 郑师慧 钟琳
周巧兰 周天培 周晓峰 朱海晶 朱豪 朱亮 朱秋菊 朱庭庭 祖小龙

SA1520(47人)
陈朝奭 陈凤 陈森 陈同威 程军杰 崔晓玲 杜倩 高宗春 郭步云
胡阳光 江晨 柯文冬 李慧娟 李嘉伟 李骄阳 梁涛 刘杰 刘晓茹
秦洪 秦帅 宋田雨 孙自强 陶华珍 汪磊 汪沛龙 汪韬 王磊
王梦乔 王绪 王亚南 闻志鹏 吴瀚森 吴筱然 武星 夏磊 徐超
许明昊 杨帮培 杨文秀 袁伟 曾琨 曾天佑 赵敏慧 钟风靖 周世新
祝君龙 庄毅炜

博士研究生

BA1503(27人)
毕富珍 曹凯 曹丽娜 陈微 高亚婷 胡婕 黄德平 李亚萍 梁昊
刘古良 刘慧慧 刘俊旭 刘乐 刘研 施宏 孙光辉 王晓丽 吴昊
吴红 吴文龙 伍子夜 熊锋 徐飞 许鹏林 余海山 张雷 张璐
Saqib Rahman

附 录

BA1514(28人)

陈攀　陈彤　宫正　何媛媛　何振宇　贾洪兴　江道传　江玉　金洪昌
金松　金鑫　李丹　李林　吕海峰　潘飞　齐志凯　孙子君　唐仲丰
万阳阳　徐路路　杨阳　郑明浩　钟浩　钟雄武　周鹏程　周万丰　周扬
邹维　Hamidreza Abadikhah Fatideh　Rai Nauman Ali　Abdul Jalil
Hina Naz　Muhammad Aamir Shehzad　Johannes Lok

BA1519(79人)

白魏　陈霞　崔银花　戴为灿　方国胜　房田田　冯佳　付明臣　葛婧捷
耿一昆　巩莉　桂阳　海子娟　韩智莉　何振　贺玉彬　贺增洋　侯南南
侯之国　胡必成　姜胜鹏　李杰　李坤　李琪　李强强　李湾湾　李晓港
李亚男　李宇　梁林锋　梁秋菊　林华辰　刘畅　刘杰　刘卡通　刘胜军
刘现玉　刘晓阳　马凯　马涛　孟非凡　闵迪　宁小山　宋海杰　宋磊
苏永亮　孙媛　童静　童赟　汪伟　王冰　王楚亚　王光祖　王厚锋
王晶　王淼　王睿　王少林　王振玉　吴睿　夏洪城　徐海群　徐绘
许光月　许杨　颜瑞　姚倩　叶枫叶　游洋　虞盛松　张东阳　张杰
赵坤　张开龙　张小龙　张信　赵峰　郑洪星　祝玉超　Syead Arooj
Muhammad Irfan　Tanveer Ahmad

BA1520(19人)

陈金星　丁泽轩　高静　韩钰　黄汉弘　李敏　李鹏云　李子健　孙先宝
汤泉　王程　王文韬　王瑛珏　薛翔　杨佳　张娜　张强　周翔
朱海锟　Sami Ullah Khan　Fatima Mumtaz　Mudassir Hussain Tahir

2016 级

本科生

PB1603(52人)

蔡雨纯　车　波　陈　畅　陈文泽　迟斑蓝　崔李海舰　丁光浩　冯　鹄
高郭文猎　　　　　戈立威　胡佳平　孔祥天　劳卓涵　李春瞳　林玉昆　林蕴良
刘柏君　刘翔宇　刘　鑫　马浩原　马小东　毛云垚　孟　颖　穆金潇　倪俸鸿
牛明鑫　潘俊吉　潘智康　钱瑞林　邱云瑞　茹辉亚·艾力　司锦彦　汪乐乐
王　钢　王　浩　王　恒　王佳航　王如阳　王天义　王泽时　谢友学　邢奇宇
熊智超　杨啸川　杨志华　应文祥　张卫东　赵新宇　周景怡　周　琼　周煜筑
朱　鹏

PB1614(31人)

陈嘉烨　刁洁峰　杜俊杰　杜鸳意　高茂辉　韩逸轩　李其刚　刘　锐　刘奕品
刘泽华　龙　杰　聂明军　欧阳恒忠　　　　潘孝峰　蒲秀好　粟若潇　孙一鸣
孙宇剑　王超楠　王鸿博　伍少枫　肖俊鑫　熊　欣　严振浩　杨丰硕　杨世宁
张伯文　朱河勤　朱天元　朱欣怡　邹先泽

PB1619(58人)

边泽楠　蔡元鹏　曹秀珍　曾海滔　陈　博　迟　彭　崔雪雯　丁逸辉　封杏岭
冯　悦　高　洁　侯俊阳　胡泽训　黄嘉伟　黄开元　靳育君　康诗钰　李昊东
李　卿　李友乐　李喆岳　李知芯　廉　欣　刘明强　刘雨生　刘育麟　刘兆辉
刘兆祥　陆凌宇　吕宏伟　钱依佳　秦子洋　桑帅康　桑钰岢　邵家新　孙世平
童宇靖　汪奕翔　王家玉　王　培　王睿涵　王世琦　王一涵　吴秉泽　吴　峰
吴沐霖　肖依非　徐　冲　徐　炜　叶昌庆　殷宣伟　张富华　张怀坤　张天泽
张彦宏　张志周　郑　威　周　扬

PB1620(31人)

陈昕宇　谌虓宇　程光謇　董昀赫　贺亚文　黄昊成　黄宇朔　姬　祥　蒋思逊
李　竞　李太远　李　园　刘程斌　刘惠珏　卢伊立　庞进林　裴学科　秦海清

秦骅宇　宋浩弘　王聪颖　王鹏飞　许宏鑫　许志成　杨　霓　余森扬　詹慧悠
张楚天　张锦文　钟天晟　朱烽炜

硕士研究生

SA1603(57人)

蔡宏涛　曹士彦　陈嘉璐　陈雪霏　陈子伟　程子蓉　池海波　仇启明　储艳清
冯澄澄　傅　聪　高蕴智　古　健　关桥桥　郭　旭　胡常乐　胡　军　华天鹏
简敏珍　孔祥栋　雷　晶　李梦娜　李兆锐　梁朋晓　廖　凡　刘清华　陆勤雯
栾志文　罗　畅　罗　杰　斯剑豪　苏　慧　苏　杰　苏　南　孙志娟　汪玉蓝
王聪聪　王宏飞　王佳宁　王声飞　王思雯　韦　康　吴金蓉　吴丽铃　吴龙霞
肖恒宇　徐　磊　许睿恺　叶　盛　叶旭旭　殷蓉蓉　余春婷　袁维汉　张佳晨
郑　敏　朱楚薇　庄庆峰

SA1614(50人)

程晓龙　高靖宇　巩兵兵　官润南　郭　跃　何泓川　贺晓东　胡万培　胡郅虬
黄　猛　江晨辉　蒋立峰　靳宗梓　李东君　李璟奭　李明洋　李乃治　李诗昂
李　展　林志宇　刘凡凡　刘　欢　刘晶晶　刘　柳　鲁　健　潘士泉　唐海娣
田冬霞　万艳红　汪利民　王进义　王世洋　王万华　王欣媛　王　智　文智林
肖丽娜　谢　兼　杨　益　易可望　尹奕炜　余　晗　员荣森　张东帅　张梦榕
张　童　张　宇　章文亮　周靖添　朱星群

SA1619(150人)

敖怀生　薄雅楠　蔡守乐　蔡文强　曹　阳　曹　原　晁婷婷　陈秉伦　陈　晨
陈冬晓　陈　芳　陈林维　陈明曦　陈务远　陈　志　程慧媛　崇汉娟　储润润
崔　硕　丁　亮　窦晓萌　杜德鑫　杜　毅　段龙辉　樊　健　付　欣　龚宝祥
郭明全　郭瑞妍　郭　宇　韩　露　郝　艳　侯梦青　侯壮豪　胡婷婷　胡严敏
黄瑞杰　黄　珊　黄烨凯　黄云帅　贾宇宁　贾育东　江顺风　江伟韬　姜伟鹏
焦　阳　巨　力　李　琛　李　翠　李京京　李　宽　李伟泽　李　雪　李　影
林　涛　刘弘威　刘　静　刘立岩　刘　斯　刘晓薇　刘须腾　刘雅芝　卢　姝
陆家缘　陆文强　栾自鸿　罗同同　罗运成　马　军　马丽伊　马　杏　马誉原
孟玉峰　闵　嫄　倪　镛　牛淑文　皮静静　秦　冰　任天琳　桑　敏　邵威威
沈　豹　沈梦兰　盛方猛　盛亚平　束成林　司　洋　孙少冬　王国富　王　昊

王 华	王凯丽	王 林	王潇乾	王秀宁	王亚倩	王怡然	王子路	夏小丹
邢伟龙	徐爱卿	徐丽丽	徐文涛	许实龙	许文聪	许祥红	闫星星	严强强
杨莫愁	姚纪松	叶 景	叶 甜	尹 涵	袁自国	张汉超	张 玲	张苗苗
张 锐	张 涛	张 婷	张雪侠	张雅璇	张焰臣	张颖捷	张子竞	张子琪
赵 斌	赵 超	赵 萌	赵 然	赵英程	赵英月	赵 悦	赵长明	郑 辉
郑 娇	周冠男	周宏远	周慧楠	周佳慧	朱东阳	朱丽萍	朱青青	朱杉杉
朱 姗	朱 阳	朱远超	祝超锋	祝 渊	邹玉煌			

SA1620(44人)

陈 放	陈 光	陈江军	陈 梁	段宇恬	费乙洋	高佳鑫	高仰刚	巩 凯
顾 玥	何晨露	何 苗	洪昌文	侯明心	胡传山	黄林坤	江 蒙	姜志文
金振康	李西川	李宗仁	刘福宁	刘子强	陆 骏	聂 旋	石强强	邵 晨
谭佳佳	汪钰恒	吴思瑶	吴 学	吴义虎	徐 翠	徐效飞	尹 雪	余 瑞
张 杭	张华龙	张 娟	张蕴涵	张珍珍	张忠心	邹 陈	左 杰	

博士研究生

BA1603(32人)

毕志豪	曹 慧	陈 飔	陈文韬	陈 昭	段会梅	高小飞	苟永亮	胡少进
黄 炎	寇 然	李 丹	李国栋	李 浩	李路路	李逸凡	刘小峰	刘心爽
刘亚男	卢晓晓	阮 政	宋雨晴	陶晓萍	王梦琳	王文元	王正明	魏亚雄
杨 敏	杨彤彤	周雪瑶	朱波星	朱 杰	Mesfin Eshete			

BA1614(25人)

陈季芳	陈泽志	崔胜胜	冯 超	高 峰	顾 文	宦道明	李白茹	李亚男
李一航	倪 堃	潘 祺	任 奕	唐荣风	王大勇	吴 影	武煜森	夏国良
杨明晔	叶江林	于 冉	张立建	张泰铭	张 震	周蔚然	Aqsa Yasmin	

BA1619(80人)

蔡国瑞	陈海波	陈石穿	陈书森	陈玉婷	丁 辉	付应龙	关艳芳	韩赫兴
韩 莹	何世江	侯剑秋	侯林逍	胡灿宇	胡 怡	黄 海	黄 亮	焦星辰
靳继康	景 昆	李 斌	李德昌	李 晗	李洪超	李 亮	李璐璐	李兴龙
李 毅	梁 铣	林 丹	刘国强	刘 梅	刘小梅	刘雅婷	刘正立	马林林

么艳彩	裴丹妮	邱圣祺	任世超	邵　伟	施露安	宋晓君	孙嘉男	孙立军
孙　琦	孙玉蝶	汪正运	王会会	王　珏	王美美	王　涛	王　欣	王　洋
王艺碹	王悦靓	吴佳静	吴　军	武　迪	徐嘉麒	徐梦雨	徐正阳	许　玲
许亚楠	闫自强	颜海洋	杨　波	杨成龙	杨　健	杨其浩	杨远坤	尹　琦
于帮魁	张骏祥	张雪倩	张宇辰	周　杰	朱柏生	庄美慧	庄严俊	

Noor Ui Afsar　　Bakht Zada　　Safi Ullah　　Sonia Kiran
Muhammad Imran Abdullah　　Majid Hussain　　Saira Hafeez

BA1620(23 人)

崔民心	方　楚	高　昭	郭宜君	胡金刚	雷　珊	李　翔	刘　超	刘　航
马寅初	彭　康	史声宇	隋学林	谭　忱	王利军	王　涛	王　晓	徐超然
查增仕	张璟焱	张欣雷	张　颖	赵丁雷	Jean Felix Mukerabigwi			

Shabnam Behzadi Goudari　　Abdul Haleem　　Tanveer Ui　　Hassan Shah

2017 级

本科生

PB17003(49 人)

白巨豪	蔡宏博	陈　婷	陈　真	段佐衡	方辰涛	方星月	高家宝	高子昂
郭育辰	贺　鹏	胡若翀	胡晓帆	黄宇玲	纪卓伟	梁　昊	刘麟轩	刘先正
刘逸飞	刘雨嫣	刘致远	刘宗明	吕美旺	吕云会	马浩男	倪子栋	欧明曦
皮展翼	邱　畅	邱昀泽	石俊杰	苏才杰	孙萌萌	谭明峰	陶　佳	王若麟
王祥坤	王友华	王云飞	徐锦鸿	许江山	杨啸川	叶子睿	于佳宁	于逸凡
余涵成	张昊志	张　欣	朱怡峰					

PB17014(39 人)

艾力库提·艾尔肯		曹毓璐	陈昱良	邓冠贤	杜睿祺	冯星宇	高　岩	
侯一鸣	黄海森	黄心玮	李傲阳	李　玮	李欣雨	练　斌	梁　荣	罗洲虎
彭　程	彭　洽	钱　莊	宋兆炜	覃天奕	汤佳点	唐丽婷	王辰阳	王　浩
王启源	王文智	王之飞	吴豫婷	谢文溢	徐一豪	杨成蹊	杨小兔	张渤炎
张皓程	张林卫	张志文	赵小河	祝圣凯				

PB17019(55人)

包睿成	陈 庚	陈 琪	陈 彦	陈 震	杜兆旭	郭昕辉	郭训孜	哈 奇
何地铀	何江丰	黄 辉	江天啸	库尔班·亚森		李秉韩	李广晟	李嘉威
李世轩	刘洪池	刘家阳	刘源渤	罗峻荣	吕润楠	彭子淇	邵 涛	宋逸凡
万紫妍	汪文韬	王昊元	王明旭	王 一	卫申权	吴城城	吴钰轩	向 嘉
肖紫璇	邢 云	熊子涵	薛骋远	严家琪	颜 涛	杨 陈	杨国庆	虞博然
袁 媛	詹舒明	张宏玮	张伶燕	张琪琰	张炜辉	张自豫	赵泽宇	赵梓烨
郑 杰	周泽宇							

PB17020(41人)

阿尔法特·阿布力克木		陈泽颖	端木静雯		冯 昕	葛健开	何江杰
胡芯钰	吉志远	金 瑞	兰 鹏	李 皓	李士吉	李逸萱	梁东升	林 伟
凌海锋	刘文睿	陆 毅	马 勋	闵庆庆	倪若然	聂 柏	欧阳康博
裴俊哲	任一鑫	孙牧川	孙 旭	田 源	汪忠贵	王俊豪	王绍虞	吴 晨
吴嘉昕	鄢雯哲	杨 帆	杨睿智	叶雨涵	叶子熠	张文畅	张小可	郑亚鹏

硕士研究生

SA17003(57人)

陈佳佳	陈 宁	程 全	崇媛媛	葛康康	弓 弘	郝乃蓉	何达威	何苗苗
何雨婷	胡 策	胡高明	胡 旻	李 煌	李小霞	李 珍	李钟灵	李子渊
刘 佳	刘 磊	刘馨雨	刘英桓	孟 鑫	沈 健	孙玉牛	谭玉欣	唐 博
唐延丽	田淑敏	王奥琦	王景淳	王 茜	王泰然	卫泽跃	吴 娟	项苗苗
徐名夏	徐思远	许绵乐	姚 杰	余安妮	余宗祐	袁海洋	张杰夫	张静娴
张 良	张 良	张 龙	张 苗	张晓慧	张耀龙	赵 敏	赵云肖	郑 焘
钟 凯	周 林	周 娴						

SA17014(59人)

车亚萍	陈 超	陈兰兰	陈文苗	陈星嘉	程 浩	杜进祥	方 芳	高 迪
葛良兵	侯 宇	胡国静	黄凡洋	黄 浩	黄宇文	黄炤中	贾凌波	蒋玉楠
蒋仲元	揭育林	李富振	李 杰	李雪凤	李志远	连伟涛	吕浣琳	牛艺杰
潘 誉	彭 波	钱其柱	钱若婵	秦 易	束 娜	檀 文	王飞鸿	王金柱

王俊蒸 王浚儒 王蒙蒙 王　硕 王新超 王徵羽 吴建花 吴清梅 夏云鹏
谢焕玉 谢　帅 徐　睿 徐哲强 薛霜霜 杨彬倩 杨雄风 叶淑芬 于俊玲
赵志博 郑启凡 周雪峰 周　宇 朱　墨

SA17019（156 人）

鲍佳政 边康杰 蔡金言 晁增印 陈安荣 陈罕雯 陈　宽 陈　敏 陈　诺
陈　烁 陈智勤 程　云 崔　晨 崔宪超 戴东廷 戴梦杰 戴震尧 邓　希
丁德才 丁茸茸 丁雨佳 范　涛 冯　伟 付贤钟 高冰剑 高冰洁 葛紫娟
宫　博 郭子薇 贺学益 胡宏泽 黄仕琪 姜　迪 蒋芹竹 焦启旸 金若星
金　森 晋本金 靳小慧 雷鹏程 李保强 李　斌 李金东 李　晶 李　奎
李丽珍 李　琦 李巧莉 李文杰 李文强 李艳晓 李圆圆 李志斌 梁欣萍
刘德光 刘佳伟 刘曼曼 刘孟珂 刘文秀 刘　允 骆沁馨 吕爱华 梅术传
孟翔宇 米　兰 倪艳菡 潘晓强 尚丽梅 邵　宁 邵天一 邵　尉 邵新月
石　琳 宋千伟 宋　群 苏世霞 孙　康 孙　盼 孙茜茜 孙庆婷 孙荣博
田金豆 田之锦 汪　辰 汪　敏 汪　锐 王　芳 王佳伟 王建楠 王　康
王　丽 王荣庆 王婉婉 王薇薇 王文玉 王翔楠 王晓琴 王晓旭 王　鑫
王雪萌 王延芳 王　扬 王　玉 王云杰 王正树 王志强 韦秀芝 吴　刚
吴敏松 吴念念 吴浅耶 吴雅楠 吴永慧 席俊伟 夏　彤 谢　东 谢玉芳
徐步德 徐建林 徐清浩 许光历 许哲远 薛晓平 杨　波 杨　硕 杨旭丹
杨　永 姚明明 叶雨阳 殷逸臣 余　赟 袁瑞琳 詹柳娟 詹文奇 张安安
张百凯 张东钰 张红平 张建军 张铭琪 张庆林 张　鑫 张　影 章　涛
赵　强 赵小娜 钟尚上 仲晨昊 周方耀 朱丽萍 朱茂根 朱正新 祝琳歆
庄璧洋 卓凯锋 邹速臣

SA17020（44 人）

陈韦剑 程　健 付　瑜 葛志青 郭文豪 何　康 候朋辉 李　航 李欣宇
李志刚 李志伟 梁烁丰 吕长柱 麻晓宇 马世聪 潘文浩 邵　琪 沈智强
宋成州 宋元瑞 田文祥 王晨宇 王国洪 王　佳 王黎安 王巧姣 王　赞
王志勇 魏成朋 吴　斌 吴亚宇 谢伟祥 许　文 张　淼 张　盼 张晓宇
赵立阳 赵　笑 钟东玲 周　强 周星宇 朱文刚 朱晏阳 祝沁易
Etienne Twizeyimana　　　Muhammad Atif

博士研究生

BA17003(41人)

常 尧	陈娇娇	陈玄烨	崔清玥	丁 一	冯梦凯	冯青青	高蕴智	顾继强
顾景旺	贺 凡	胡玉洁	华泽丰	黄清娥	李团伟	李向阳	李 喆	李振兴
连雷雷	罗 璇	吕莎莎	马严富	孟 杰	师晓宇	王恒伟	王延茹	吴春晓
吴 玉	谢李燕	谢 婷	杨龙清	杨小龙	袁 盼	曾祥忠	张寒辉	张 剑
张金潇	章轩语	赵王辉	朱 静	朱丽娟

BA17014(43人)

柴胤光	陈明龙	崔佳萌	董宾宾	董 宽	樊 峰	胡 乔	胡欣萍	黄 强
雷占武	李 静	李亚鹏	廖家英	刘 杰	刘 萍	刘启世	苗利娜	史 鼐
孙 乐	孙兆威	王小敏	王长来	武春艳	向俊翔	谢 云	杨 海	姚 雨
袁 宏	张 凯	张猛猛	Muhammad Ifzan Arshad

BA17019(79人)

曹开明	陈 芳	陈 坤	陈佩瑶	陈庆霞	储国超	崔 硕	代鹏飞	单祥欢
邓瑞显	丁婷慧	段 玉	凡 佩	高 淼	何 磊	胡康飞	黄贵祥	黄 晋
黄 瑶	纪文根	江伟韬	江文斌	蒋华杰	孔莹莹	蓝 云	黎超群	李辰轩
李 闯	李 锋	李凤和	李 浩	李胜军	李 雪	李艳娟	李正浩	刘亚华
刘铁男	刘 占	马 杏	马致远	牛 闯	潘重庆	彭 湃	齐 静	沈宏城
宋胜金	孙贤顺	倘路路	童 磊	王承宇	王程鋆	王 冠	王坤华	王 磊
王 亚	王 彦	吴 栋	吴 耕	吴俊驰	徐婷婷	许康力	杨传旺	杨 静
杨 芮	易 政	游 苏	余友杰	喻楚国	臧一鹏	张 伟	章凯帆	赵汉卿
赵亚飞	周 煌	周天培	周锡兵	朱 豪	朱秋菊	朱庭庭

Md Mofasserul Alam　　　　Naderi Ali　　　　Fozia Sultana
Ayman Mohammed Yousif Suliman　　Miza Ali Kombo
Mohamed Khairy Gomaa Massoud Albolkany　　　　Wondu Dagnaw Fentahun

BA17020(26 人)

陈朝奭	陈同威	程军杰	崔晓玲	邓 亮	丁占岭	高宗春	柯文冬	李成勋
李慧娟	李嘉伟	梁 涛	那银娜	孙自强	汪 韬	王 磊	闻志鹏	吴筱然
夏 磊	杨文秀	尹 雪	曾 琨	曾天佑	张红莉	郑志强	左培培	

Muhammad Qasim　　　　Fathelrahman Mohammed Soliman Adam
Smaher Mosad Saad Elbayomi　　　　Annum Afzal
Abd Alwali Mohammed Mohammed Japir　　　　Alhadi Ibrahim Mohammed Altayp

2018 级

本科生

PB18003(61 人)

毕 硕	曾晓迪	陈宇霆	程奥远	戴敬诚	党江川	邓宏健	段葆华	顾 超
郭慧莹	郭 昱	胡振豪	焦绍文	焦中任	景博文	孔孟锐喆		郎璞屹
李成彦	李 岳	李珠海	林祉涵	刘天祐	刘伊晨	刘子华	刘梓歌	鲁 翔
罗天辰	罗依凡	马怡阳	毛 侠	潘江源	沈宣宇	舒升政	孙梓翀	田富任
宛国柱	万炫辰	王炯涵	王璆璆	王正阳	王祉贤	王子怡	王梓豪	肖泽涛
熊 羑	徐盛榕	杨 斌	杨逸飞	易含章	易俊希	袁慧娴	翟星宇	张东政
张 杰	张瑞龙	张闻昊	张西元	张向东	周乃斌	朱子凡	卓升晖	

PB18014(46 人)

蔡逢春	车沂轩	陈 墨	陈 悦	戴鹏起	甘子健	洪志龙	黄 明	李 冰
李泓羲	李家兴	李森旸	李欣珂	李彦君	梁光杰	林国安	林武威	刘安东
刘坎硕	刘熙远	罗嘉华	马 超	聂翔宇	努尔妮萨·奥布力喀斯木			潘建漓
秦智睿	全修远	任奥辰	任 远	史佳林	苏广宁	汤颖超	王柏挺	谢 恺
熊宇琨	徐海洋	杨 锦	姚舜禹	尤新祥	张瀚之	张鑫远	赵东浩	赵逸凡
郑惠民	朱江晨	朱少龙						

PB18019(60 人)

艾姆拉古丽·图尔迪		白铠志	曹嘉祺	陈奎儒	陈瑞天	陈省吾	陈帅祺
陈 霄	陈学鑫	程晓斌	段国霖	范开元	葛子健	公 正	韩景晖	韩令昊

江浩松	李家磊	胡杜巴依·阿达力拜克		李　俍	李一民	廖光旭	林子涵	
刘煜超	刘珍长	刘祖寰	罗芷琦	骆睿昊	骆　言	聂鑫磊	欧阳琪珂	
潘澜心	彭凯玥	沈佳龙	石千琪	司俊涛	苏　禹	孙浩博	陶嘉澍	汪　鑫
王欣怡	吴恬睿	向思佳	徐若雅	杨瀚文	杨天昊	杨曦初	叶从阳	尹怿卓
余延昊	张昊喆	张菁云	张　星	张逸飞	赵伯辰	周靖辰	周兴柱	周志劼
周子涵	朱浩杰							

PB18020(45人)

蔡嫦娟	陈洞佚	陈彭宇	陈一恒	陈禹江	付　博	高海涵	韩泽豪	何溢纬
蒋滨泽	李　达	李　涛	李文心	李　想	廖娅娴	刘星扬	罗耀武	孟　旭
钱谢嵘	任世鑫	沈泽睿	孙　启	唐焕杰	陶飞凡	田亚飞	汪　尚	王晶亮
王　爽	王　哲	王子洋	吴　越	肖　洲	熊乙先	徐海铭	严听陶	严悉奥
杨嘉诚	叶若松	余成竹	张文龙	张宇露	赵文博	周　祺	周云浩	祝宇飞

硕士研究生

SA18003(69人)

曹致宇	陈佳琦	陈林杰	陈晓露	陈洲盛	陈子昊	陈姊慧	程思远	储汪友
党慧萍	邓林杰	方　霏	何　静	何明琦	江　静	柯景文	李　慧	李俊瑶
李龙妹	李　尚	李世豪	李　轩	李元铭	李振振	梁晓红	林启东	刘安洪
刘冰玉	刘　放	刘利杰	刘闪闪	罗月会	满清敏	莫光帅	倪　康	倪永峰
宁小寒	潘先成	潘雪君	裴若琪	钱红云	邵敬文	舒　武	苏曲雁	汤　乐
王　嘉	王雷雷	王雅玲	尉瑞芳	温金录	吴雪围	谢景琛	熊　伟	徐浩琛
徐丽丽	杨园园	仰青颖	殷海滨	查何辰宇		张可皋	张良才	张云尚
赵翼飞	周丹丹	周慧婷	朱磊磊	朱玲君	诸　琳	左丽君		

SA18012(68人)

陈倩如	程瑞芬	董　煜	杜文杰	范文苑	高书贤	郭　鸽	郭智妍	国文馨
何汝立	季翔宇	蒋　杰	蒋　松	蒋晓乐	金玥昂	柯明坤	赖杨丽	李丹莹
李　耕	李　琦	李　阳	刘家琪	刘练练	刘培根	刘桥溪	刘晓成	刘晓东
刘子悦	路　正	吕文立	吕振婷	马喜文	孟凡丽	牛　迪	沈鸿波	盛天然
史　天	宋永慧	孙　达	孙　倩	汤旺忠	王佳鑫	王家珂	王锦熙	王晶晶
王　静	吴　洁	吴景行	吴明伟	习昆芳	肖天赐	徐　颖	徐元泰	杨　靖

杨俊楠 叶亚东 张开宇 张 玮 张文卿 章 焱 赵明明 赵 锐 赵叙言
赵 璋 支明于 周金龙 朱 晴 朱 忍

SA18014(56人)

班孝款 蔡文斌 曹虹云 陈彩纹 陈 飞 陈 静 陈亚威 程 玲 董杰敏
段超民 符媛媛 古震琦 郭一鸣 韩文豪 郝梓凯 胡学禹 黄慧娟 黄 俊
金丽珺 柯年旺 雷雪颜 李行成 李欣雨 李雨蒙 刘慧清 刘 洋 刘 怡
刘 颖 刘雨莹 罗 霄 吕 凯 朋彩玲 饶逸飞 沈 青 盛斌斌 石杨杨
宋 明 孙 浩 王 斌 王 迪 王海飞 王圣达 王涛涛 王兆鹏 王 政
许 方 许佳辉 叶传仁 于云鹏 余 来 张建旺 张默晗 张少威 张 颖
张圆喜 赵想春 Antony Charles Minja

SA18019(100人)

毕秀芬 常 蕊 陈志远 崔鹏程 崔 茹 丁 都 付家乐 高宇诚 耿瑞隆
郭生平 郭文静 韩 霄 侯 丽 呼朵朵 胡 超 胡 潇 李航宇 李奎亮
李 丽 李 曼 李 瑞 李 淑 李洋洋 李渊博 李元亨 梁 康 林志洋
凌张弛 刘炜琪 卢 晗 卢文静 栾谋君 吕志俊 马明泽 马魏魏 梅 媛
牛凡超 钱以森 邵 刚 沈善成 沈 杨 盛思哲 苏越麒 孙志浩 谭伟航
田双双 铁 琳 汪启伟 汪泽中 王 超 王晨晨 王高崟 王 赫 王迦卉
王 杰 王 丽 王 琦 王秋萍 王 瑞 王思远 王伟韩 王卫平 王雅婷
王依莎 王 玉 王长岭 王自强 吴雨阳 谢秀英 徐 杰 许嘉诚 许明亮
薛敏杰 严青青 颜牧雨 杨飞燕 杨怀斌 姚宏清 叶美云 音正春 于江涛
余厚健 禹 航 曾维杰 张 崇 张结萍 张锦辉 张乐乐 张梦倩 张 雪
张雅倩 张 研 张振邦 赵晨曦 郑 恺 郑皖欣 郑雪麟 钟程安 周正红
朱孟增 Aigerim Omirzak Muhammad Sohail Tahir Sami Ur Rahman

SA18020(46人)

岑 杰 陈维健 陈 泽 程 浩 迟铭君 丁双双 高 凡 高 磊 韩龙飞
胡 飞 黄伟强 冷炫羲 李 昆 林振达 刘铖伟 刘明阳 梅志凡 闵笑宇
彭 丹 舒晶晶 孙 锐 汪家云 汪景行 王 聪 王靖文 王 平 王雨晨
吴志刚 席龙昌 谢逸帆 徐梦贺 薛 雨 颜 硕 杨凯翔 杨珂昕 杨 霓
张梦丹 张名扬 赵志新 周君湘 周清浩 周晓红 周 鑫 周一帆 朱仁嫚
庄梦迪

博士研究生

BA18003(42人)

曹士彦	柴 鹏	陈子伟	池海波	崇媛媛	储艳清	范 伟	冯澄澄	傅 聪
古 健	关桥桥	郭 旭	郝乃蓉	胡 策	华天鹏	黄辰曦	贾爱平	简敏珍
孔祥栋	李兆锐	廖 凡	刘清华	栾志文	罗 畅	罗 杰	牛孝友	苏 杰
王宏飞	王佳宁	吴丽铃	吴龙霞	肖恒宇	叶 盛	叶旭旭	殷蓉蓉	于同坡
余春婷	袁海洋	张佳晨	郑 焘	朱楚薇	庄庆峰			

BA18012(36人)

敖怀生	薄雅楠	陈秉伦	陈春辉	崔定伟	郭璞璨	郭 跃	胡郅虬	刘孝龙
马 军	闵 媛	牛淑文	盛方猛	司 洋	谭一弘	王加旺	王军峰	王凯丽
王潇乾	王怡然	吴宜尚	邢伟龙	薛正刚	姚纪松	于上海	张汉超	张笑谈
张颖捷	张玉娟	赵 斌	赵小娜	赵长明	郑红军	周冠男	周佳慧	朱孟钊

BA18014(37人)

程晓龙	丁 翔	高靖宇	巩兵兵	官润南	何泓川	贺晓东	胡万培	黄 猛
江晨辉	靳宗梓	李东君	李璟奭	李明洋	李乃治	李 展	刘凡凡	刘 欢
陆勤雯	马誉原	苏小利	田冬霞	万艳红	汪利民	王 飞	王功瑞	王海云
王进义	王世洋	王 帅	王 智	文智林	徐鹏平	杨 益	尹奕炜	张莹莹
朱星群	Bushra Nasim							

BA18019(57人)

白林凤	陈明曦	陈祥根	杜德鑫	杜 毅	段龙辉	范孝忠	郭明全	韩 露
郝 艳	侯壮豪	胡 晓	黄烨凯	靳友祥	李伟泽	李彦霖	李 影	凌丽丽
刘 斯	刘须腾	柳 仁	陆文强	栾自鸿	孟 婧	孟玉峰	秦 冰	桑 敏
邵威威	盛亚平	束成林	隋剑飞	唐 勇	王 华	王 林	王子路	韦梦醒
吴澄帆	夏慧敏	徐文涛	许实龙	闫旭洋	严强强	晏秀男	杨 池	叶 景
张苗苗	张 庆	张子竞	张子琪	赵 超	赵 萌	赵英程	郑 辉	郑 娇
朱 姗	朱 阳	邹玉煌	Mostafa Sayel Ahmed Ali		Arif Hussain			
Meruyert Kassymova			Mosallanezhad Amirabbas					
Tehmina Akram			A K M Ayatullah Hosne Asif					

Md Abdur Rahim   Payam Ahmadian Koudakan

BA18020(22 人)

段宇恬　何晨露　何　苗　洪昌文　姜志文　蒋卓妮　聂　旋　石强强　孙少冬
邰　晨　谭佳佳　汪　帆　汪钰恒　王海利　王　绪　吴思瑶　徐　翠　许文聪
张华龙　张忠心　周超凡　邹　陈　Debabrata Dutta　Jamshid Kadirkhanov

学生获重大奖项和院内奖项

本 科 生 奖

国家奖学金

2009年	顾小敏	胡 月	江施施	刘 才	刘 芳	任晓臣	王慧圆	王优良
	夏 琰	殷 倩	尤万里	于 威	张 冬			
2010年	陈博学	瞿 晨	李 昂	刘畅瑶	刘 洁	刘欣毅	卢 路	毛俊骅
	任晓臣	王慧圆	王彦斐	张 庆	钟 宇			
2011年	陈 玥	郭剑和	李维谷	隋学林	王鹤林	杨 正	郁 琦	张旦诞
	周 丹	周行浩	朱天宇					
2012年	付 昉	郭 盛	李 然	李维谷	阮世刚	王梦静	王思伟	徐小林
	袁纬兹	张 文	郑 昱					
2013年	邓 勇	李根成	李 昊	李松松	林雁戈	伦正言	彭雨粲	王 需
	张付瑞	张 文	郑 昱					
2014年	邓 勇	籍文波	伦正言	祁一峰	邱家华	苏天顺	王馨博	叶梦珊
	张 超	张付瑞	章 晔					
2015年	陈 勋	陈于中	程 翔	董玉龙	籍文波	贾开诚	王 翔	魏柯成
	叶梦珊	周 媛						
2016年	陈 瑜	程 翔	董玉龙	高汎怡	冀晓洋	罗福帅	毛凯天	唐丁柯
	王圣棋	席大为						
2017年	蔡子健	劳卓涵	梁嘉韵	刘兆辉	万佳为	王圣棋	王志胜	席大为
	邢奇宇							
2018年	李春雨	刘柏君	刘雨生	刘兆辉	邱昀泽	谭璇衡	王 浩	詹舒明

郭沫若奖学金

2009 年	嵇慧雯　孟　璁　刘　念　宋　铎
2010 年	顾晓敏　刘　芳　于　威　张　洁
2011 年	冯　骏　任晓臣　王慧圆　徐琦智　张　悦
2012 年	孙志远　周行浩　朱　丹　朱天宇
2013 年	陈摇摇　李　然　谭万良　王思伟
2014 年	郑　昱　张　文　马　飘　袁纬兹　邓瑞显
2015 年	邓海韬　伦正言　祁一峰　章　晔
2016 年	邓炜婷　籍文波　林雁戈　叶梦珊
2017 年	陈　皿　陈　瑜　董玉龙　周　嫒
2018 年	梁嘉韵　刘　洋　万佳为　席大为

中国科学院金属研究所李薰奖学金

2009 年	胡华敏　纪　梅　孙玉冰　田锦森　张文君
2010 年	李　沫　刘　政　田锦森　夏　琰　徐云飞
2011 年	李　沫　马　成　王　浩　杨国玉　张　平
2012 年	林楚红　王志强　杨　正　俞　锴　郑婷婷
2013 年	贾雨熹　邓毅韬　庞　欢　邱家华　杨　正
2014 年	柳星辰　王嘉义　王潇乾　运经纬　赵智豪

中国科学院上海有机化学研究所黄鸣龙奖学金

2009 年	房　昕　金　冬　李文涛　刘文博　王主光
2010 年	陈东昶　谷　晨　郭薇薇　汪冠宇　王优良
2011 年	常大路　黄　晓　阮世刚　孙志远　肖　啸
2012 年	何　达　赖敏良　雷　腾　刘　畅　汤毅杰　王艾伦　王　薇　奚　政　张嘉晖　张秋歌
2013 年	冯夏宇　韩　韬　贾开诚　李心逸　林楚红　唐　辰　王大顺　王煜东　伍　含　张亚琪
2014 年	邓海韬　杜旭涛　范　阳　刘　军　刘同与　罗之恒　墙子跃　王　鼎　王艺杰　张家浩
2015 年	陈　昕　陈　瑜　李玉辉　李子慷　刘逸飞　王嘉雯　王圣棋　辛　悦　徐梦凡　张霄霆

2016年	曹文挺	崔　恺	郝一平	孔涛逸	李子慷	梁嘉韵	刘　悦	万佳为
	夏家科	庄炜文						
2017年	陈亚威	谌虓宇	顾新雨	韩逸轩	孔涛逸	李杰钧	钱正浩	王　浩
	王易佳	薛奇衍						
2018年	杜鸶意	林玉昆	刘千赫	倪慧琦	秦子洋	万紫妍	王昊元	许宏鑫
	叶雨涵	张涵飞						

中国科学院大连化学物理研究所优秀学生奖学金

2011年	陈　伟	郭　盛	郝群庆	金闲驰	刘欣毅	王梁炳	王　薇	奚　政
	张冰燕							
2012年	陈博学	陈若天	焦　峰	李希明	宋　佳	隋学林	王　浩	袁道福
	运　辰	张亚琪						
2013年	龚　科	郝静雅	雷　腾	罗斌斌	马　飘	任煜京	王鹤林	王馨博
	徐小林	杨焓铱						
2014年	曾龚尧	韩　韬	贾雨熹	李星翰	刘昊天	刘正茂	钱宇颖	王彬力
	杨　颖	张秋歌						
2015年	陈羽翔	崔　恺	邓若燚	杜旭涛	贾子阳	李荣坦	林雁戈	刘　东
	墙子跃	万雪颖						
2016年	蔡子健	陈　皿	鄂文龙	洪樱月	李树森	李玉辉	屈丹琦	王传浩
	张　易	周　媛						
2017年	程　翔	戴心尧	丁一伦	付良飞	江子潇	苏天宇	吴　思	徐敬远
	易治宇	张　航						
2018年	陈嘉烨	陈　军	谌虓宇	邓琮之	郝一平	李江南	吴　浔	于文昊
	余子雨	张珹博						

中国科学院化学研究所英才奖学金

2011年	陈摇摇	贺新元	赖敏良	李康南	李　婷	沈泽清	王梦静	要夏晖
	尤　雪	周　艺						
2012年	冯梦凯	金　晔	马婧媛	马　飘	朴俊宇	谭万良	唐　诚	王彬力
	张旭东	赵金阳						
2013年	褚曼曼	崔羽思	邓海韬	金　凡	金　晔	刘营营	马新雨	施　杨
	张梅琦	张秋歌						
2014年	陈于中	邓炜婷	杜宇翔	郭　睿	鹿建华	乔　婵	魏柯成	杨宜昊

	姚　凯	张文昭						
2015 年	范　博	范　敏	李星翰	罗福帅	钱宇颖	王　翔	王煜东	姚禹传
	于晓溪	赵智豪						
2016 年	白　斌	陈南杉	范　敏	李怀志	李　睿	祁梦燕	秦金钊	王靖霖
	徐奕璇	郑天骅						
2017 年	陈　阳	蒋思逊	黎少林	邵建铭	王思博	王宇琪	王泽时	易振宇
	郁　明	朱河勤						
2018 年	曹毓璐	陈鹏浩	江天啸	刘光耀	欧阳康博	邱云瑞	任一鑫	
	张超辉	张晚依	朱天元					

中国科学院长春应用化学研究所吴学周奖学金

2009 年	陈　玥	崔萌萌	崔　玥	李　沫	李兆熠	张　庆		
2010 年	龚健悟	龚智良	郭剑和	胡华敏	杨晶晶	周行浩		
2011 年	金　晔	李梦阳	阮永金	孙幸幸	夏佰成	张旭东		
2012 年	陈摇摇	邓　勇	邓　禹	年世丰	彭雨粲	邱家华	商昌帅	汤　泉
	汪洋洋	赵　硕						
2013 年	余　赟	杜嘉俊	符冠瑶	赖敏良	李星翰	王祯宜	翟羽佳	张田慧
	张　震	周星怡						
2014 年	郭超舫	胡子洋	金　凡	李柏杨	孟庆磊	饶建成	沈　伟	徐奕璇
	张昭晗	赵科峰						
2015 年	蔡子健	顾新雨	居征宇	李玉达	刘　驰	鹿建华	沈康泽	吴　诚
	张　易	周宇豪						
2016 年	谷歌谣	黄月洲	刘　洋	刘仪轩	彭严德	任晨浩	杨　晗	杨子越
	张　航	朱一铭						
2017 年	程光謇	黄子超	靳育君	李昊东	刘惠珏	伍　豪	杨世宁	余森扬
	虞浩磊	赵　萱						
2018 年	梁僮僮	刘仲禹	吕　冬	钱　荘	屈发进	肖紫璇	杨佳臻	阴仁勇
	赵汉秦	郑亚鹏						

中国科学院半导体研究所林兰英奖学金

2012 年	王鹤林	周　艺
2013 年	范雨濛	赵万鹏
2014 年	符冠瑶	翟羽佳

中国科学院福建物质结构研究所卢嘉锡奖学金

2013年	金瑞　冯梦凯　谭洋　王彬力　张嘉晖
2014年	贾开诚　李昊　卢一若　罗斌斌　吕睿阳　谭洋　王恒伟　伍含　张嘉晖　郑艺婷
2015年	崔常松　冀晓洋　李柏杨　李思雨　林达　刘军　任晨浩　王玉凤　杨向飞　朱赟
2016年	陈蹊　胡子洋　李潘龙　梁旭　鹿建华　王嘉雯　王志胜　薛奇衍　叶祖洋　张冬岩
2017年	谷歌谣　郭文　李怀志　林振达　刘逸飞　毛凯天　倪慧琦　欧阳文柏　谭毅　肖景昱
2018年	陈文泽　方延延　韩逸轩　蒋思逊　廉欣　欧阳文柏　彭严德　苏天宇　王泽时　袁悦

中国科学院过程工程研究所奖学金

2015年	邓炜婷　高沨怡　胡子洋　黄婕　李睿　李树森　刘福宁　刘静　刘璐　刘悦　罗运成　罗之恒　马新雨　屈丹琦　王光涵　徐文慧　余辰飞　运经纬　曾龚尧　郑艺婷
2016年	陈筠怡　陈昕　戴逸舟　杜嘉俊　付良飞　顾新雨　郭超舫　何玥颖　何云　黄婕　柯明坤　刘书彰　刘逸飞　墙子跃　王静瑶　王易佳　王莹　许哲远　杨俊楠　朱敏
2017年	曹文挺　戴逸舟　邓琮之　高曼　郭文静　吉骏恺　李春雨　刘洋　彭严德　田昳　王传浩　夏家科　杨磊　杨霓　叶祖洋　余子雨　张超辉　张明恺　张明铉　张易

中国科学院上海硅酸盐研究所大学生奖学金

2016年	高曼　刘洋洋　钱正浩　任祎清　郁明
2017年	覃茂桐　韦淼今　阴仁勇　袁悦　朱振宇
2018年	董昀赫　穆金潇　桑帅康　张伯文　朱常嘉

中国科学院苏州纳米技术与纳米仿生研究所奖学金

2018年	陈胜　龚琪　谷歌谣　劳卓涵　刘泽华　邢奇宇　杨霓

中国科学院广州能源研究所大学生奖学金

2018 年　方辰涛　贺亚文　李广晟　闵庆庆　彭　洽　邵家新　吴豫婷　徐锦鸿
　　　　颜　涛　叶子睿

刘有成奖学金

2009 年　李秋洋　李相文　刘长辉　刘孟晓　年世丰　唐　诚　闫　懂　周行浩
2010 年　安琳娜　崔　嵬　胡灿宇　金　涛　王梦然　张　林　张欣雷　郑　洋
2011 年　邓　勇　邓　禹　李含潇　李思哲　龙尚华　王彬力　张付瑞　郑　昱
2012 年　方泽华　黄之导　金　鑫　刘立岩　马赫一　严康宇　殷　勤　周　鑫
2013 年　邓炜婷　胡子洋　马英杰　潘　磊　唐浩文　王　鼎　郑金钊　郑铭光
2014 年　戴心尧　高士棋　罗　霄　倪乾坤　王　静　魏玮琛　魏中人　辛　悦
2015 年　范玉麟　郝一平　吉骏恺　江国润　刘琦潭　马太高　倪慧琦　夏筱茜
2016 年　胡佳平　李太远　李喆岳　刘　鑫　秦子洋　杨世宁　张伯文　张锦文
2017 年　梁东升　刘先正　彭　程　覃天奕　汪忠贵　邢　云　杨国庆　张　欣

张懋森奖学金

2010 年　蔡　宇　陈鹏皓　高靖昆　雷　依　李维谷　唐　玮　谢辰璐　姚　懿
2011 年　方　洋　胡桐熙　金　晔　阮永金　王思伟　张笑柳　张亚琪　仲心珏

江阴市徐新奖学金

2009 年　盖宝栋　古家强　李星星　刘　健　王　静　张旦诞　周　颢　朱大鹏
2010 年　陈　丹　陈　杰　古　阳　何　洁　刘孟晓　王苏扬　张冰燕　钟　玮
2011 年　阿拉法特·阿地力　陈　彪　李　林　沈　伟　汤城骞　杨晶晶
　　　　袁家鑫　周茂忠

8512 校友助学金

2009 年　管庆方　胡文龙　黄　刚　李怡然　徐琦智　周　瑜
2010 年　何世江　李泽林　年亚栋　夏佰成　余　波　于　淼
2011 年　阿拉法特·阿地力　陈　彪　李　林　沈　伟　汤城骞　杨晶晶
　　　　袁家鑫　周茂忠

8412 助学金

2009 年　黄佳煌　李维谷　王素萍　周行浩
2010 年　彭　晶　崔龙灿　黄佳煌　李维谷　林振达　徐　斌　杨利霞　周行浩
2011 年　阿拉法特·阿地力　蔡卫征　杜耕宇　彭　晶　崔龙灿　黄佳煌
　　　　　李维谷　林振达　刘明珠　徐　斌　杨利霞　周行浩

8412 进步奖

2009 年　郭剑和　吕　玲
2010 年　王　静　余瀚森
2011 年　黄　赟　李　辉
2012 年　崔晓玲　侯　宇

8214 奖学金

2016 年　郭振江　贾雯姗　齐振玉　苏天宇　谭璇衡　易振宇　袁启宸　翟泽华
2017 年　常梓轩　方延延　刘桥溪　穆金潇　桑帅康　沈子杨　万家豪　杨绪峰
　　　　　张锦文
2018 年　邓冠贤　葛健开　焦文中　李嘉威　刘先正　孙世平　张　航

8814 奖学金

2014 年　彭雨粲
2015 年　李　昊
2016 年　魏柯成
2017 年　李子慷
2018 年　吉骏恺

研 究 生 奖

全国百篇优秀博士学位论文

2011 年　葛治伸（导师：刘世勇）
2012 年　陈绍峰（导师：俞书宏）　孙　敏（导师：俞汉青）

2013 年　梁海伟（导师：俞书宏）　肖　斌（导师：郭庆祥）

中国科学院优秀博士学位论文

2009 年　阚二军（导师：杨金龙）　吴长征（导师：谢　毅）
2010 年　从怀萍（导师：俞书宏）　葛治伸（导师：刘世勇）
　　　　倪丙杰（导师：俞汉青）
2012 年　梁海伟（导师：俞书宏）　刘贤伟（导师：俞汉青）
　　　　肖　斌（导师：郭庆祥）
2014 年　院士杰（导师：俞汉青）　杨楚汀（导师：郭庆祥）
　　　　高敏锐（导师：俞书宏）　肖　翀（导师：谢　毅）
2015 年　陈洁洁（导师：俞汉青）　孙文平（导师：刘　卫）
　　　　胡祥龙（导师：刘世勇）　尚　睿（导师：傅　尧）
　　　　刘建伟（导师：俞书宏）　张晓东（导师：谢　毅）
2016 年　刘武军（导师：俞汉青）　刘固寰（导师：刘世勇）
　　　　卫　涛（导师：杨上峰）　李星星（导师：杨金龙）
　　　　龙　冉（导师：熊宇杰）　庄涛涛（导师：俞书宏）
2017 年　王允坤（导师：盛国平）　汪　松（导师：杨上峰）
　　　　高　山（导师：谢　毅）　葛　进（导师：俞书宏）
2018 年　陈　伟（导师：俞汉青）　茅瓅波（导师：俞书宏）
　　　　王　辉（导师：谢　毅）　柏　嵩（导师：熊宇杰）

中国科学院院长奖学金特别奖

2009 年　葛治伸（导师：刘世勇）
2010 年　邓　理（导师：郭庆祥）
2011 年　梁海伟（导师：俞书宏）　姚宏斌（导师：俞书宏）
2012 年　李昌华（导师：刘世勇）　赵　凌（导师：夏长荣）　高敏锐（导师：俞书宏）
2013 年　樊逢佳（导师：俞书宏）　尚　睿（导师：傅　尧）　熊梦华（导师：王　均）
2014 年　陈武峰（导师：闫立峰）　孔祥恺（导师：陈乾旺）　龙　冉（导师：熊宇杰）
2015 年　柏　嵩（导师：熊宇杰）　李星星（导师：杨金龙）
2016 年　高　山（导师：谢　毅）
2017 年　王旭东（导师：田善喜）
2018 年　陈鹏作（导师：吴长征）

中国科学院院长奖学金优秀奖

2009 年	丁　宁　韩晓刚　刘从容　谢定海
2010 年	刘伟军　千　坤　万文明　王育才　项宏发　张松林
2011 年	陈传宝　陈含爽　杜金志　韩志勇　蒋　皓　孙文平　吴　燕　于海珠　俞　杰　赵　阳
2012 年	程存峰　胡进明　李　婵　李育林　刘统信　闵元增　谢兰贵　许令顺　杨楚汀
2013 年	韩士奎　李连伟　凌意瀚　陆　锐　任　磊　夏　磊　徐　俊　张雁祥
2014 年	胡志家　李会会　李斯蓉　刘固寰　邬宗芳　吴　华　谢俊峰　闫溢哲　严骏杰
2015 年	陈殿峰　李红春　宋廷结　汪普生　汪枭睿　王洪玉　卫　涛　徐　坤　袁　月
2016 年	葛　进　李维汉　刘　爽　卢倩倩　陆　熹　陶忠林　汪　松　王龙海　吴振禹　许洋洋
2017 年	陈晓锋　刘友文　彭　旭　苏建伟　苏　伟　田攀攀　王　辉　姚东宝　郑　珍　朱小姣
2018 年	海子娟　何　嵘　贺玉彬　金　松　李晓港　杨　佳　杨　阳　袁道福

朱李月华奖学金

2009 年	李学进　梁海伟　林　彬　林振坤　陆永明　王育才　奚宝娟　朱　波
2010 年	杜金志　付　强　李　婵　汪　龙　吴　思　肖　斌　谢海洋　杨楚汀　赵　凌
2011 年	胡婧婧　刘统信　刘武军　孙永福　谢兰贵　许令顺　杨　萍　章　蕾　赵　跃
2012 年	包蕙质　何　毅　李漫波　刘　斌　刘　涛　尚　睿　熊梦华　徐　俊　郑园琴
2013 年	陈立锋　胡　伟　孔祥恺　龙　冉　饶媛媛　孙文平　涂喜峰　汪钟凯　杨付来
2014 年	柏　嵩　韩阿丽　李　芳　李红春　李星星　毛可可　田玉奎　王利利　游　波
2015 年	包　健　毕培燕　马　亮　孙　旭　汪　鑫　王建林　王　敏　王　宇　熊　璐

附录

2016年　林　宁　杜娜娜　葛晓琳　李　刚　卢秀利　朴寄纲　王春雷　杨　雷
　　　　杨文龙
2017年　成万民　梁　军　龙琭璐　路大鹏　谈紫琪　汪　栩　王维康　夏宏燕
　　　　杨　丽

香港"求是"研究生奖学金

2009年　邓　理　韩志勇　李海蓓　刘伟军　万文明　谢　奎
2010年　董德俊　胡进明　梁海伟　孙文平　许令顺　赵　阳
2011年　樊逢佳　华　青　李昌华　李育林　尚　睿　赵　凌
2012年　陈思明　韩士奎　刘武军　任　磊　卫　涛　严俊杰
2013年　付岑峰　管美丽　何　毅　刘富品　沈广勇　徐　坤
2014年　陈　龙　葛　进　巨明刚　宋廷结　王龙飞　袁　月
2015年　曹仲林　陈玉贞　刘　香　卢倩倩　朴寄纲　吴振禹
2016年　代胜瑜　黄　刚　刘　乐　彭　旭　尹培群　曾林超
2017年　何　嵘　金　鑫　李　敏　刘　杰　任世超　王楚亚
2018年　李一航　李　毅　阮　政　邵　伟　孙先宝　孙玉蝶

研究生国家奖学金

2012年　袁成飞　刘　彬　马素兰　党军杰　张　琲　滕　越　王　磊　周玉凤
　　　　杨　敏　杨真真　刘　姿　李景国　李　波　陈　健　陈　龙　洪　涛
　　　　李秀玲　张庆平　郏强强　陈殿峰　陈　曼　徐　坤　唐　林　杨志伟
　　　　宋廷结　昱万程　贺　晨　盛俊芳　汪枭睿　马　瑞　李红春　李连伟
　　　　孙文平　凌意瀚　张雁祥　徐　俊　任　磊　尚　睿　樊逢佳　何　毅
　　　　李漫波　刘武军　严俊杰　熊梦华　刘　涛　胡志家　刘建伟
2013年　黄一敏　柏　彧　程秀芬　丁　月　葛　进　郝　翔　胡　衍　胡文龙
　　　　华　赞　蒋晨啸　鞠立成　李军杰　李　盼　刘丹卿　刘吕丹　龙琭璐
　　　　卢倩倩　卢秀利　石　朕　孙书杰　陶忠林　王黎丽　王瑞鸥　王振斌
　　　　王中磊　王仲涛　吴天敏　吴振禹　杨广西　杨　珍　尹培群　张　琪
　　　　赵玉梅　朱小姣　陈洁洁　陈立峰　陈武峰　高　超　龚天军　胡　伟
　　　　胡祥龙　孔祥恺　李会会　李斯蓉　刘　槟　龙　冉　冉　瑾　邬宗芳
　　　　谢俊峰　闫溢哲　杨付来
2014年　艾克热木·牙生　曹　天　曾林超　陈鹏作　陈雅丽　程秋实　戴玉梅
　　　　高惠惠　高亚婷　何　嵘　胡应立　李　双　李　宠　李　阳　李忠原

	时 琛	孙妍妍	汪 栩	王伟娟	夏宏燕	谢佳芳	许 云	鄢志萍
	杨 雷	杨 光	姚传志	姚子露	于杏杏	张瑞奇	周玉晓	邹邦坤
	柏 嵩	陈 伟	高 山	高怀岭	高玉仙	郭宏艳	韩阿丽	李星星
	隋先伟	田玉奎	汪普生	汪枭睿	卫 涛	徐 坤	许洋洋	杨 亮
2015年	陈 微	伏 启	付明臣	海子娟	贺玉彬	侯之国	江 玉	李 坤
	李丽君	李 敏	李晓港	李兴宇	刘 研	裴丹妮	邱圣祺	沈 忱
	宋王琴	隋学林	孙子君	杨其浩	杨玉芬	易 洪	张东阳	张 雷
	周 操	周万丰	陈士龙	代胜瑜	黄云泽	李维汉	梁 倞	林 宁
	刘 爽	刘友文	田攀攀	汪 松	王 辉	王龙海	严 欢	
2016年	陈 敏	陈鹏作	方玲玲	金 松	刘友文	苏 伟	王旭东	熊 锋
	徐海群	杨 健	姚东宝	张瑞奇	郑 珍	朱小姣	卓之问	崔胜胜
	丁 辉	丁占岭	符腾飞	高 昭	胡 乔	宦道明	焦星辰	李 丹
	李洪超	李一航	凌丽丽	刘正立	么艳彩	阮 政	王恒伟	王坤华
	王梦琳	吴炜鹏	吴 影	夏国良	徐正阳	薛佳伟	杨成龙	杨其浩
	杨 芮	查增仕	朱 瑞	邹文平				
2017年	陈石穿	葛婧捷	海子娟	金 松	李湾湾	林华辰	刘雅婷	童 赟
	王 晓	杨 佳	杨 阳	张 雷	张振华	赵 峰	朱先军	陈佩瑶
	高宗春	黄晓惠	蒋华杰	廖家英	凌丽丽	刘立岩	刘轶男	孟 婧
	彭 湃	钱满满	师晓宇	史 鼎	王 磊	温力先	吴澄帆	吴 耕
	杨帮培	杨 静	姚 雨	章轩语	赵长明	周天培	朱哲圣	
2018年	蔡国瑞	陈书森	崔胜胜	高 昭	焦星辰	李 斌	马严富	潘重庆
	孙兆威	王 磊	王晓丽	王 欣	吴佳静	杨 健	姚 雨	叶江林
	张泰铭	晁婷婷	陈 晨	陈嘉璐	陈江军	高靖宇	侯梦青	李诗昂
	刘凡凡	刘佳伟	鲁 健	谭佳佳	汪钰恒	王潇乾	吴敏松	杨 益
	姚纪松	殷蓉蓉	张苗苗	张子竞	赵 悦	郑 焘	祝 渊	邹 陈

郭永怀奖学金

2009年	巩飞艳	何传新	卢轶劼	王文己
2010年	陈含爽	韩咚林	田保玲	夏宏伟
2011年	常苏捷	李连伟	徐 勇	徐云峰
2012年	王 涛	魏 锋	徐 可	袁成飞
2013年	范明慧	高玉仙	黄 佩	李星星
2014年	王旭东	谈 艳	夏文奇	杨金先

2015年　傅立秩　李喜玉　马少君　孙广旭
2016年　施　宏　吴小平　袁道福　朱卫多
2017年　范　伟　华天鹏　孙志娟　汪文婷

刘有成奖学金

2009年　龙　瀛　杨百灵
2010年　万常峰　俞　杰
2011年　熊顺顺　闫溢哲
2012年　李丹丹　徐　坤
2013年　黄耀兵　张振雷
2014年　唐　林　朱　峰
2015年　姜胜鹏　张　胜
2016年　蔡赛虎　陈蒙远
2017年　冯　佳　王　睿

张懋森奖学金

2010年　白　雪　何　毅
2011年　柴　颖　曹春艳

GE基金科技创新大赛一等奖

2012年　李会会

卢嘉锡优秀研究生奖

2012年　高敏锐

教职工获荣誉奖项

姓　名	名　　称	颁发单位	时　间
崔　华	第三届十大杰出妇女提名奖	中国科学院	2009.3
	王宽诚育才奖一等奖	中国科学技术大学	2009.9
杨金龙	优秀研究生指导教师奖	中国科学院	2009.9
谢　毅	优秀研究生指导教师奖	中国科学院	2009.9
吴长征	优秀博士学位论文奖	中国科学院	2009.9
俞汉青	全国模范教师	人力资源和社会保障部、教育部	2009.9
	优秀导师奖	中国科学院	2009.12
刘世勇	校友基金会青年科学家杰出成就奖	中国科学技术大学	2009.10
	第二届中国化学会-英国皇家化学奖	中国化学会	2009.12
	优秀导师奖	中国科学院	2009.9
龚流柱	优秀研究生指导教师奖	中国科学院	2009.9
	中国科学院-拜耳青年科学家奖	中国科学院	2009.11
	中国化学会-巴斯夫青年知识创新奖	中国化学会	2009.8
	新世纪百千万人才国家级人选	人事部、科学技术部等七部门	2009.12
黄伟信	中国化学会青年化学奖	中国化学会	2009.12
徐铜文	双极膜制备与应用基础研究 科技进步一等奖	中国石油和化学工业协会	2009.10
	杨亚校友奖	中国科学技术大学	2009.11
邓兆祥 徐瑞雪	校友基金会青年教师奖	中国科学技术大学	2009.9
刘杏芹	王宽才育才奖一等奖	中国科学技术大学	2009.9
王晓葵 田仕凯	张宗植青年教师奖	中国科学技术大学	2009.9

续表

姓　名	名　称	颁发单位	时　间
叶为英	王宽诚育才奖二等奖	中国科学技术大学	2009.9
傅延勋 何友昭 施文芳 刘世林	杨亚校友奖	中国科学技术大学	2009.4 2009.11
汪志勇	第二届平凡基金-教育奖	中国科学技术大学	2009.12
郭庆祥	优秀导师奖	中国科学院	2010.12
	朱李月华优秀教师奖	中国科学院	
俞书宏	优秀研究生指导教师奖	中国科学院	2010.12
	《化学会评论》新科学家奖	英国皇家学会	2010.3
	Roy-Somiya 奖章	国际水热溶剂热联合会	2010.7
	中国科学院先进工作者	中国科学院	2010.12
杨金龙	朱李月华优秀教师奖	中国科学院	2010.12
刘世勇	优秀研究生指导教师奖	中国科学院	2010.12
俞汉青	优秀研究生指导教师奖	中国科学院	2010.12
谢　毅	朱李月华优秀教师奖	中国科学院	2010.12
龚流柱	宝洁优秀导师奖	中国科学院	2010.12
	优秀研究生指导教师奖	中国科学院	2010.12
徐铜文	青年科学技术突出贡献奖	中国石油和化学工业联合会	2010.10
	第十二届安徽省青年科技奖	安徽省科学技术协会	2010.12
张祖德	第三届平凡基金-教育奖	中国科学技术大学	2010.9
杨上峰	校友基金会青年教师奖	中国科学技术大学	2010.9
杨海洋	校友基金会优秀教学奖	中国科学技术大学	2010.9
张志成	王宽诚育才奖一等奖	中国科学技术大学	2010.9
杨碚芳	王宽诚育才奖二等奖	中国科学技术大学	2010.9
姚奇志 徐　鑫	张宗植青年教师奖	中国科学技术大学	2010.9

续表

姓　名	名　称	颁发单位	时　间
苏庆德 杨萍华 张汉昌 王文楼 傅　尧	杨亚校友奖	中国科学技术大学	2010.9 2010.11
俞书宏	国务院特殊津贴	人力资源和社会保障部	2011.2
	优秀导师奖	中国科学院	2011.12
	优秀研究生 指导教师奖	中国科学院	2011.12
刘世勇	全国百篇优秀博士学位 论文指导教师奖	教育部	2011.11
俞汉青	优秀博士学位论文奖	中国科学院	2011.11
龚流柱	优秀共产党党员	中国科学院	2011.9
朱平平	宝钢优秀教师奖	中国科学技术大学	2011.9
梁高林	校友基金会青年教师奖	中国科学技术大学	2011.9
罗时玮	校友基金会优秀教学奖	中国科学技术大学	2011.9
夏长荣	王宽诚育才奖一等奖	中国科学技术大学	2011.9
杨萍华	王宽诚育才奖二等奖	中国科学技术大学	2011.9
	优秀党务工作者	中国科学院	2011.9
张　群 何卫东	张宗植青年教师奖	中国科学技术大学	2011.9
芮　蕾 成国胜 林祥钦 王玉霞 范洪义 杨伟华 胡祥余	杨亚校友奖	中国科学技术大学	2011.9 2011.11

附 录

续表

姓　名	名　称	颁发单位	时　间
徐　鑫 顾洪举	平凡基金-教育奖	中国科学技术大学	2011.12
俞汉青	优秀研究生指导教师奖	中国科学院	2012.12
	杰出研究校长奖	中国科学技术大学	2012.12
郭庆祥	优秀研究生指导教师奖	中国科学院	2012.12
俞书宏	优秀研究生指导教师奖	中国科学院	2012.12
	校友基金会宝钢优秀教师奖	宝钢教育基金会	2012.9
	卢嘉锡优秀导师奖	卢嘉锡科学教育基金会	2012
	优秀研究生指导教师奖	中国科学院	2012.12
谢　毅	校友基金会青年教师成就奖	校友基金会	2012.9
	杰出研究校长奖	中国科学技术大学	2012.12
徐　鑫	校友基金会优秀教学奖	校友基金会	2012.9
马运生 吴长征	校友基金会青年教师事业奖	校友基金会	2012.9
梁好均	王宽诚育才奖一等奖	中国科学技术大学	2012.9
宋乐新	王宽诚育才奖二等奖	中国科学技术大学	2012.9
黄　微 刘光明	张宗植青年教师奖	中国科学技术大学	2012.9
宛寿康 冯　玮 张立敏 葛学武 张兴元 王中夏 虞正亮	杨亚校友奖	中国科学技术大学	2012.5 2012.11 2012.12
崔　华	中国科学院第四届十大杰出妇女	中国科学院妇工委	2013.3
俞书宏	英国皇家化学学会会士	英国皇家化学学会	2013.7
	优秀导师奖	中国科学院	2013.12
	朱李月华优秀教师奖	中国科学院	2013.10

续表

姓 名	名 称	颁发单位	时 间
谢 毅	优秀导师奖	中国科学院	2013.12
	IUPAC化学化工杰出女性奖	国际纯粹与应用化学联合会	2013.5
	英国皇家化学学会会士	英国皇家化学学会	2013.8
曾晓成	英国皇家化学学会会士	英国皇家化学学会	2013.7
徐铜文	英国皇家化学学会会士	英国皇家化学学会	2013.9
侯中怀	宝钢教育基金会优秀教师奖	宝钢教育基金会	2013.9
	第六届平凡基金-教育奖	中国科学技术大学	2013.12
张 群	校友基金会优秀教学奖	校友基金会	2013.9
武晓君	校友基金会青年教师事业奖	校友基金会	2013.9
俞汉青 刘 卫	王宽诚育才奖一等奖	中国科学技术大学	2013.9
郭丽萍	王宽诚育才奖二等奖	中国科学技术大学	2013.9
叶晓东 陈 锴	张宗植青年教师奖	中国科学技术大学	2013.9
邬润萍 顾洪举 徐维民 吴守国 郭庆祥	杨亚校友奖	中国科学技术大学	2013.5 2013.11
熊宇杰	中国化学会青年化学奖	中国化学会	2013.12
谢 毅	安徽省五一巾帼标兵	安徽省总工会	2014.3
	安徽省五一劳动奖章	安徽省总工会	2014.3
	中国科学院优秀女科学家奖	中国科学院	2014.9
	发展中国家科学院化学奖	发展中国家科学院	2014.10
	朱李月华优秀教师奖	中国科学院	2014.11
	十佳全国优秀科技工作者	中国科学技术协会	2014.12
	安徽优秀科技工作者	安徽省科学技术协会	2014.12
	优秀研究生指导教师奖	中国科学院	2014.12

附 录

续表

姓　名	名　称	颁发单位	时　间
俞书宏	优秀研究生指导教师奖	中国科学院	2014.12
	朱李月华优秀教师奖	中国科学院	2014.12
	安徽省优秀博士学位论文指导教师奖	安徽省人民政府学位委员会	2014.11
	"中学生英才计划"导师奖	中国科协青少年科技中心	2014.12
郭庆祥	朱李月华优秀教师奖	中国科学院	2014.11
	优秀研究生指导教师奖	中国科学院	2014.12
俞汉青	优秀研究生指导教师奖	中国科学院	2014.12
闫立峰	优秀研究生指导教师奖	中国科学院	2014.12
胡水明	宝钢教育基金会优秀教师奖	宝钢教育基金会	2014.9
龚流柱	青年教师成就奖	海外校友基金会	2014.12
刘世勇	英国皇家化学会会士	英国皇家化学会	2014.10
熊宇杰	中国化学会纳米化学新锐奖	中国化学会	2014.8
	求是杰出青年学者奖	求是基金会	2014.9
	优秀导师奖	中国科学院	2014.10
	青年教师事业奖	海外校友基金会	2014.12
许毓	青年教师优秀教学奖	海外校友基金会	2014.12
吴长征 张国庆	卓越青年科学家奖	中国科学院	2014.10
吴长征	中国化学会青年化学奖	中国化学会	2014.12
邓兆祥	王宽诚育才奖一等奖	中国科学技术大学	2014.9
孙　静	王宽诚育才奖二等奖	中国科学技术大学	2014.9
汪　峰 冯红艳	张宗植青年教师奖	中国科学技术大学	2014.9
戴静华 李介夫 贾新德 汪志勇 陈　旸 朱平平 龚流柱 俞书宏	杨亚校友奖	中国科学技术大学	2014.5 2014.12

续表

姓　名	名　　称	颁发单位	时　间
李群祥	平凡基金教育奖	平凡基金会	2014.12
谢　毅 傅　尧 刘世勇 俞书宏 俞汉青	优秀研究生指导教师奖	中国科学院	2015.12
俞书宏	2014年度杰出研究校长奖	中国科学技术大学	2015.1
谢　毅	世界杰出女科学家成就奖	欧莱雅基金会和联合国教科文组织	2015.3
杨金龙	全国先进工作者	中共中央、国务院	2015.5
熊宇杰	首届"最美青年科技工作者"	中国青年科技工作者协会、中国青年报社	2015.5
马明明	求是青年学者奖	求是基金会	2015.9
陈春华	宝钢教育奖	中国科学技术大学	2015.9
王中夏	王宽诚育才一等奖	中国科学技术大学	2015.9
吴守国	王宽诚育才二等奖	中国科学技术大学	2015.9
彭冉冉 徐允河	张宗植青年教师奖	中国科学技术大学	2015.9
汪志勇	校友基金会优秀教学奖	中国科学技术大学	2015.9
穆　杨	校友基金会青年教师事业奖	中国科学技术大学	2015.9
周小东 程冰华 郑新华 洪春雁 夏长荣	杨亚校友奖	中国科学技术大学	2015.9
朱平平 葛学武	第八届平凡基金-教育奖	中国科学技术大学	2015.11
刘世勇 杨金龙 俞汉青 俞书宏	优秀研究生指导教师奖	中国科学院	2016.9

续表

姓　名	名　　称	颁发单位	时　间
熊宇杰 谢　毅	优秀研究生指导教师奖	中国科学院	2016.9
李群祥	第八届平凡基金-教育奖	中国科学技术大学	2016.11
夏长荣	宝钢教育奖	中国科学技术大学	2016.12
江万权 梁高林 杨上峰	王宽诚育才奖	中国科学技术大学	2016.8
葛治伸 康彦彪	张宗植青年教师奖	中国科学技术大学	2016.8
杨金龙 江万权 刘光明 马运生 高建峰 罗　静	杨亚校友奖	中国科学技术大学	2016.4 2016.11
兰　泉 周小东	中国科大-兴业证券奖	中国科学技术大学	2016.9
俞汉青	创新人才推进计划重点领域创新团队	科学技术部	2017.1
熊宇杰 傅　尧	创新人才推进计划中青年科技创新领军人才	科学技术部	2017.1
徐　鑫	宝钢教育奖	中国科学技术大学	2017.12
张群邵 伟杨晴	王宽诚育才奖	中国科学技术大学	2017.9
郑　媛 张文华	张宗植青年教师奖	中国科学技术大学	2017.9
顾若水 刘晓虹 武晓君 尤业字 侯中怀	杨亚校友奖	中国科学技术大学	2017.4 2017.11

续表

姓 名	名 称	颁发单位	时 间
王官武 李 婉	中国科大-兴业证券奖	中国科学技术大学	2017.11
朱平平	校友基金会青年教师成就奖	中国科学技术大学	2017.11
江海龙 陈昶乐	校友基金会青年教师事业奖	中国科学技术大学	2017.11
杨上峰 俞书宏 谢 毅	朱李月华优秀教师奖	中国科学技术大学	2017.12
傅 尧	闵恩泽能源化工奖杰出贡献奖	中国工程院	2017.12
傅 尧	中国化学会物理有机化学青年奖	中国化学会	2017.10
盛国平 谢 毅 俞书宏	优秀导师奖	中国科学院	2017.9
谢 毅	全国创新争先奖章	科技部	2017.5
谢 毅	何梁何利基金科学与技术进步奖	何梁何利基金会	2017.10
熊宇杰	英国皇家化学会会士	英国皇家化学会	2017.3
田善喜	优秀导师奖	中国科学院	2017
梁高林 江 俊 葛治伸 阳丽华	张懋森基金奖励科研奖	化学与材料科学学院	2017.11
孙 静 倪 东 杨 鑫 刘贤玉 朱 芸	张懋森基金奖励管理服务奖	化学与材料科学学院	2017.11
罗时玮	第十届平凡基金-教育奖	中国科学技术大学	2018.1
李文卫	安徽青年科技奖	安徽省组织部、省科学技术协会等	2018.1

续表

姓　名	名　称	颁发单位	时　间
刘艳芝 刘济红	杨亚基金-爱岗敬业奖	中国科学技术大学	2018.5
俞书宏	安徽省创新争先奖	安徽省人力资源社会保障厅等	2018.6
尤业字 查正根 吴长征	王宽诚育才奖	中国科学技术大学	2018.7
汪谟贞 周晓国	张宗植青年教师奖	中国科学技术大学	2018.7
谢　毅 俞书宏 吴长征 熊宇杰	优秀导师奖	中国科学院	2018.8
傅　尧	海外校友基金会青年教师成就奖	中国科学技术大学	2018.10
路军岭	海外校友基金会青年教师事业奖	中国科学技术大学	2018.10
刘　卫 田仕凯 冯红艳	中国科大-兴业证券教育奖	中国科学技术大学	2018.9
陈东明	平凡基金教育奖	中国科学技术大学	2018.11
侯中怀 朱　芸	中国科大-唐立新优秀辅导员奖及行政管理干部奖	中国科学技术大学	2018.11
俞书宏	中国科大-唐立新优秀学者奖	中国科学技术大学	2018.11
陈春华	中国科大-唐立新教学名师奖	中国科学技术大学	2018.11
黄光明	杰出研究校长奖	中国科学技术大学	2018.12
李群祥	宝钢优秀教师奖	宝钢教育基金会	2018.12

续表

姓 名	名 称	颁发单位	时 间
崔华 傅尧 闫立峰 张群 胡进明 汪谟贞	张懋森基金奖励-科研奖	化学与材料科学学院	2018.12
刘华蓉 黄微 顾如水 张印俊 周小东 周婷	张懋森基金奖励-管理奖	化学与材料科学学院	2018.12

优秀班主任、辅导员、学生工作干部(2009—2018)

年 份	优秀班主任	优秀辅导员	优秀学生工作干部
2009	霍磊、刘伟丰、盛国平、尤业字、彭冉冉、邹纲、华青、刘宁	闫立峰	孙静
2010	霍磊、刘伟丰、汪谟贞、张群、成国胜、许毓、张宏丽	顾洪举	何卫东
2011	戴静华、孙静、张颖、汪谟贞、霍磊、刘伟丰、谷永红、金邦坤	朱芸	丁家富
2012	李婉、刘伟丰、石景、徐清、张国颖、汪柱美	霍磊	虞正亮
2013	刘红、江国顺、刘卫、孙静、李光水、张国颖	朱芸	何卫东
2014	雷璇、霍磊、朱芸、何卫东、宋海杰	虞正亮	顾洪举
2015	李恒、孙静、郑媛、姚奇志、刘红、朱芸、石景、张国颖	—	—

续表

年 份	优秀班主任	优秀辅导员	优秀学生工作干部
2016	刘安雯、黄微、金邦坤、石景、霍磊、江国顺、刘卫、何卫东、李光水、刘华蓉	朱芸	孙静
2017	李恒、刘华蓉、孙静、刘红、吴宇恩	何卫东	闫立峰
2018	黄微、姚奇志、刘安雯、郑媛、周婷、吴强华、汪谟贞、黄汉民	—	刘伟丰

客座、兼职教授

客 座 教 授

年　份	姓　名	任职单位
2006.12—2009.12	Yen Wei	Drexel University, America
2007.6—2010.6	Shi-Qing Wang	University of Akron, America
2009.12—2012.12	廖德章	台湾科技大学
2009.7—2012.7	戴　胜	美国橡树岭国家实验室
2010.9—2013.8	San Hoa Thang	CSIRO Molecular & Health Technologies, Australia
2013.1—2015.12	Meilin Liu	Georgia Institute of Technology, America
2013.1—2015.12	A. J. A. Winnubst	荷兰大学
2013.1—2015.12	李成龙	美国俄亥俄州立大学
2013.1—2015.12	Henny J. M. Bouwmeester	荷兰大学
2007.6—2012.6	Shi-Qing Wang	University of Akron, America

兼 职 教 授

年　份	姓　名	任职单位
2005.12—2010.12	韩艳春	中国科学院长春应用化学研究所
2005.12—2010.12	安立佳	中国科学院长春应用化学研究所
2006.9—2009.9	刘　合	中国石油大庆油田有限责任公司

续表

年　份	姓　名	任职单位
2006.12—2009.12	杨秀荣	中国科学院长春应用化学研究所
2006.11—2009.11	高从堦	中国海洋大学、国家海洋局杭州水处理中心
2007.10—2010.9	闫东航	中国科学院长春应用化学研究所
2007.10—2010.9	李悦生	中国科学院长春应用化学研究所
2006.12—2009.12	胡友良	中国科学院化学研究所
2013.1—2015.12	黄富强	中国科学院上海硅酸盐研究所
2013.1—2015.12	王绍荣	中国科学院上海硅酸盐研究所
2013.1—2015.12	温兆银	中国科学院上海硅酸盐研究所
2013.1—2015.12	占忠亮	中国科学院上海硅酸盐研究所
2013.1—2015.12	陈立东	中国科学院上海硅酸盐研究所
2013.1—2015.12	刘　磊	清华大学
2011.9—2014.8	黄学杰	中国科学院物理研究所
2005.12—2010.12	颜德岳	上海交通大学

十 年 剪 影

2011年5月26日，中国科学院大连化学物理研究所优秀学生奖学金首次颁奖典礼举行

2011年8月16—28日,所系结合科技夏令营举行

2011年8月16—28日,所系结合科技夏令营举行,营员们先后到达中国科学院上海有机化学研究所、金属研究所、大连化学物理研究所进行参观与学习

2012年5月14日,中国科学院长春应用化学研究所–中国科大所系结合工作交流暨吴学周奖学金续签仪式举行

2012年9月6—7日,第四届中德化学前沿会议化学与生物专题分会在我校成功举办

2012年10月16日,Henny Bouwmeester教授聘任仪式暨学术报告会隆重举行

2012年11月14日,彭笑刚教授受邀访问我院并为本科生授课

2012年6月3日,清华大学"化学学堂班"师生访问我校并与"化学英才班"师生交流

2013年1月5日,中国化学会物理有机化学终身成就奖授予著名有机化学家、化学教育家、我校教授刘有成院士,程津培院士为其颁奖

2013年4月1日,吴以成院士受聘担任材料科学与工程系主任,侯建国校长为其颁发证书

2013年4月17日，英国皇家化学会可持续能源与储存材料国际研讨会在我校成功举办

2013年5月6—7日，我院代表团访问中国科学院大连化学物理研究所

2013年6月16—21日，第一届国际纳米碳材料学术研讨会在我校举办

2013年7月12—14日,我院学生在第七届上海大学生化学实验竞赛中取得佳绩,参赛学生从左到右依次为张梅琦、俞锴和董濮婷

2013年10月25日,中国科学院能量转换材料重点实验室外籍教授A. J. A. Winnubst聘任仪式暨学术报告会举办

2013年12月15日,南策文院士受聘为中国科学技术大学兼职教授

2014年4月11日,中国科学院过程工程研究所张锁江所长来访并做专题报告

2014年7月22日,我校学生在第九届全国大学生化学实验邀请赛中取得佳绩

2015年3月20日,谢毅教授获第十七届欧莱雅-联合国教科文组织"世界杰出女科学家成就奖"

2015年6月29日，首届未来化学家国际夏令营开营（一）

2015年6月29日，首届未来化学家国际夏令营开营（二）

2015年12月1日，国际著名化学家Peter J. Stang教授受聘为我校名誉教授

2015年12月7日,中国科大"十三五"分析化学暨化学生物学学科发展规划研讨会顺利召开

2016年1月10日,杨学明院士兼任化学物理系主任受聘仪式隆重举行

2016年1月10日,中国科大化学物理学科"十三五"规划研讨会顺利召开

2016年7月23日—8月1日，我国选手在第48届国际化学奥林匹克竞赛中取得优异成绩

2016年10月28—29日，第二届能源化学与材料国际研讨会在中国科大成功召开（一）

2016年10月28—29日，第二届能源化学与材料国际研讨会在中国科大成功召开（二）

2016年12月28日，陶氏化学中国区代表团来访我校并与我院教师座谈

2017年4月10日,荷兰特文特大学(University of Twente)Ben Betlem教授一行访问我院

2017年5月9—10日,密歇根大学代表团访问我校(一)

2017年5月9—10日,密歇根大学代表团访问我校(二)

2017年5月11日,我院朱彦武教授荣获2017年度亚太经合组织科学创新研究与教育奖

2017年5月19—21日,中国科大首届"墨子论坛"化学与材料科学分论坛举办

2017年5月28日,我院谢毅教授获得第四届纳米研究奖

2017年5月30日,中国科大四位科学家荣获首届全国创新争先奖,其中陈仙辉院士、谢毅院士、潘建伟院士获得全国创新争先奖章,杜江峰院士获得全国创新争先奖状,我院谢毅院士作为获奖代表在大会上发言

2017年6月26日—7月1日,中国科学技术大学化学物理系–德国马普学会弗里茨–哈伯研究所化学物理系氧化物表面化学研讨会顺利举行

2017年7月3日,未来化学家夏令营开营

2017年7月7—9日，我院学生在第十一届上海大学生化学实验竞赛中又创佳绩，19系吴景行同学获得一等奖，14系刘逸飞同学和20系何玉龙同学分别获得二等奖

2017年9月23—25日，中国科学院软物质化学重点实验室成功举办第四届中英大分子与软物质材料双边国际会议，会议由中国科学院软物质化学重点实验室-能源材料化学协同创新中心和中国科学技术大学化学与材料科学学院主办

2017年10月30日，在首场"郭永怀讲坛"开讲前，李灿院士与卢嘉锡化学英才班本科生进行座谈交流(一)

2017年10月30日,在首场"郭永怀讲坛"开讲前,李灿院士与我院研究生进行座谈交流(二)

2017年11月18日,北京大学–南京大学–中国科学技术大学三边高分子学术交流会顺利召开

2017年11月27日,在"郭永怀讲坛"上,葛学武书记为杨学明院士授牌

2018年2月23日,谢毅院士获2017年度安徽省重大科技成就奖

2018年4月2日,中国科学院金属研究所张哲峰研究员做"校庆60周年系列报告"

2018年4月14—15日,中国科大第二届"墨子论坛"化学与材料科学学科分论坛顺利举办

2018年5月19—20日,"科技活动周"化学与材料科学科普点活动顺利举行

2018年5月29日,David Milstein教授做客"合肥大师论坛"(一)

2018年5月29日,David Milstein教授做客"合肥大师论坛"(二)

2018年6月1—4日,首届能源与催化青年论坛暨中国科大60周年校庆系列学术活动成功举办

2018年6月13日,舒歌群书记来我院调研

2018年6月22日,张东辉院士受聘为化学物理系主任(一)

2018年6月22日,张东辉院士受聘为化学物理系主任(二)

2018年7月2日,第四届未来化学-生物学家国际夏令营活动举行

2018年7月7日,应用化学系复系仪式顺利举行

2018年7月18日,John A. Rogers教授访问我校并做客"合肥大师论坛"

2018年9月16—18日,我院举办第四届能源与生物材料国际学术研讨会

2018年9月19日,8812、9312校友捐赠铜雕落成揭幕仪式顺利举行

2018年9月20日,833班校友向我院捐赠1000万元

2018年9月26日,辛厚文教授为我校师生做"校庆60周年系列报告"

2018年10月31日,中微半导体设备公司董事长、首席执行官、我校化学物理系1962级校友尹志尧先生做"郭永怀讲坛"报告

我院博士生李军配获2015年度百人会英才奖

2018年5月16日,中国工程物理研究院汪小琳研究员做"校庆60周年系列报告"